WILLIAMS-SONOMA

# AL HORNO

RECETAS Y TEXTO
## BARBARA GRUNES

EDITOR GENERAL
## CHUCK WILLIAMS

FOTOGRAFÍA
## MAREN CARUSO

TRADUCCIÓN
## CONCEPCIÓN O. DE JOURDAIN
## LAURA CORDERA L.

degustis

MÉXICO

# CONTENIDO

## LOS CLÁSICOS

## AVES

## RES, TERNERA Y VENADO

## PUERCO Y CORDERO

## PESCADOS Y MARISCOS

## VERDURAS Y FRUTAS

# INTRODUCCIÓN

El cocimiento al horno es uno de los métodos más antiguos y tradicionales para cocinar. Por ningún otro método culinario podrá obtener los mismos resultados. Durante el tiempo que los alimentos permanecen asándose dentro del horno se obtienen interiores suaves y jugosos con exteriores caramelizados, ya sea para una pierna de cordero, un pollo entero o espárragos. Ya que el hornear es sencillo, muchas veces sólo requerirá de un sazonador y esperar los deliciosos resultados, no es necesario limitarse a las fiestas u ocasiones especiales. Haga la prueba horneando un filete de res o unas chuletas de puerco para cenar cualquier día de la semana o prepare papas u otras verduras como una guarnición sencilla. Incluso las manzanas o ciruelas se pueden hornear para un sencillo pero suculento postre.

A través de las páginas de este libro, cada receta presenta una nota explicativa sobre un ingrediente, término o técnica en particular. Además un capítulo de temas básicos al final del libro explica todo lo que debe saber para empezar a hornear, incluyendo información del equipo, preparación, tiempos y trinchado. Espero que las recetas tentadoras que aquí se incluyen, los inspiren para hacer del horneado una parte habitual de su vida cotidiana así como para su cocina de fin de semana.

# LAS CLÁSICAS

*Las recetas al horno de este capítulo juegan un papel importante en el repertorio básico de un cocinero. El filete de res rebanado y servido con champiñones al horno es perfecto para una cena dominguera, mientras que el pavo barnizado con el brillante glaseado de pasitas iluminará la mesa del día de acción de gracias. Además, una simple guarnición de papas al horno o unos pimientos complementarán la miríada de menús haciendo el mínimo esfuerzo.*

# POLLO CON RELLENO A LAS HIERBAS

Para preparar el relleno, precaliente el horno a 180ºC (350ºF). Acomode los cubos de pan en una charola para hornear en una sola capa. Coloque en el horno y hornee cerca de 15 minutos, volteándolos dos veces hasta dorar. Reserve. En una sartén grande sobre fuego medio, derrita la mantequilla. Añada la cebolla picada y saltee cerca de 5 minutos, hasta que esté translucida. Retire del fuego y agregue los cubos de pan, perejil, salvia, sal y pimienta. Mezcle y reserve.

Eleve la temperatura del horno a 200ºC (400ºF). Enjuague el pollo bajo el chorro de agua fría, deseche las vísceras y seque. Retire y deseche la piel suelta. Empezando por el cuello, utilice sus dedos para separar la piel de la pechuga sin cortarla. Resbale las hojas de salvia debajo de la piel. Barnice el pollo con mantequilla derretida y sazone por dentro y por fuera con sal y pimienta. Rellene el pollo con los cubos de pan y acomode y amarre el pollo, si lo desea (página 106). Coloque el pollo con la pechuga hacia arriba en una charola de horno aceitada lo suficientemente grande para que quepa el pollo holgadamente y añada la cebolla.

Ase el pollo hasta que las articulaciones se muevan con facilidad y que al picar el muslo con un cuchillo los jugos salgan claros, de 1a 1¼ hora. O que al insertar un termómetro de lectura instantánea sobre la parte más gruesa del muslo sin tocar el hueso registre 77ºC (170ºF).

Pase el pollo a una tabla de picar y cubra holgadamente con papel aluminio; deje reposar por 10 minutos. Mientras tanto, coloque la charola de horno sobre fuego medio-alto y retire la capa de grasa. Agregue el caldo y desglase la charola raspando la base con una cuchara de madera para levantar los pedacitos dorados que quedaron pegados. Deje hervir cerca de 4 minutos, hasta que se reduzca a la mitad. En un procesador de alimentos o en la licuadora, haga un puré con la salsa y la cebolla. Sazone con sal y pimienta.

Trinche el pollo (página 109) y coloque en un platón precalentado. Cubra con la salsa. Acompañe con el relleno.

RINDE DE 5 A 6 PORCIONES

PARA EL RELLENO:

2 ó 2½ tazas (125-155 g/4-5 oz) de cubos de pan, sin corteza

4 cucharadas (60 g/2 oz) de mantequilla sin sal

1 cebolla amarilla o blanca, picada

½ taza (20 g/¾ oz) de perejil liso (italiano) fresco

2 cucharaditas de salvia fresca o 1 cucharadita de seca

Sal y pimienta recién molida

1 pollo rostizado de 2.25 a 2.75 kg (4½-5½ 2 lb)

5 hojas de salvia fresca

2 cucharadas de mantequilla sin sal, derretida

Sal y pimienta recién molida

1 cebolla grande amarilla o blanca, rebanada grueso

¾ taza (180 ml/6 fl oz) de caldo de pollo (página 110) o caldo de pollo enlatado bajo en sodio

# PIERNA DE CORDERO CON AJO AL HORNO

1 pierna de cordero
deshuesada de 2 a 2.25
kg (4-4½ lb)

8 cabezas de ajo grandes,
más 2 dientes grandes

Aceite de oliva para
barnizar

2 cucharaditas de romero
fresco, finamente picado o
1 cucharadita del seco

1 cucharadita de tomillo
fresco, finamente picado
o ½ cucharadita del seco

Coloque la rejilla del horno en el tercio inferior del horno y precaliente a 220ºC (425ºF).

Recorte cualquier parte suelta de la piel del cordero. Abra el cordero para asar hasta dejarlo plano, colocando la parte cortada hacia abajo y sujete los trozos pequeños para formar un bloque uniforme. Coloque el cordero en una charola para hornear gruesa y aceitada lo suficientemente grande para que quepa holgadamente. Pele los 2 dientes de ajo y corte hasta dejar un total de 10 astillas o lonjas. Haga 10 pequeñas incisiones en el cordero e inserte las astillas de ajo en cada una. Barnice el cordero con el aceite de oliva y espolvoree con romero y tomillo.

Ase el cordero por 15 minutos. Reduzca el calor a 180ºC (350ºF) y continúe horneando cerca de 1½ hora, hasta que un termómetro de lectura instantánea insertado en la parte más gruesa del cordero registre 52ºC (125ºF), para carne roja.

Mientras tanto, retire la mayor parte de las capas de papelillo que cubren a las 8 cabezas de ajo y corte la parte de arriba para dejar expuestos los dientes de ajo. Cubra las cabezas con aceite de oliva y envuelva individualmente en papel aluminio. Acomode las cabezas con el corte hacia arriba en un refractario. Coloque el ajo en el horno de 40 a 50 minutos antes de que el cordero esté a término o hasta que al presionarlo se sienta suave.

Pase el cordero a una tabla para picar, cubra holgadamente con papel aluminio y deje reposar de 5 a 10 minutos. Rebane el cordero en contra del grano y acomode en un platón precalentado. Levante la capa de grasa de los jugos que hay en la charola y bañe con cucharadas del jugo sobre el cordero. Desenvuelva las cabezas de ajo y deseche el papel aluminio. Acompañe el cordero con el ajo al horno para que cada comensal lo unte sobre el cordero.

RINDE 8 PORCIONES

AJO AL HORNO

Al hornear el ajo se disminuye su fuerte sabor y se resalta su dulzor. Para utilizar el ajo horneado sólo exprima cada diente para expulsarlo suavemente de su piel. El ajo horneado se puede servir como aperitivo o botana o para untar sobre pedazos de pan rústico o rebanadas de pan tostado.

# FILETE DE RES CON CHAMPIÑONES

Precaliente el horno a 200ºC (400ºF). Recorte cualquier sobrante de grasa y deseche. Coloque el filete en una charola para hornear gruesa y aceitada lo suficientemente grande para que quepa holgadamente. Barnice la carne con 1 ó 2 cucharadas de la mantequilla derretida y con el tomillo y la salvia; sazone con sal y pimienta al gusto.

En un tazón mezcle las 4 cucharadas restantes (60 g/2 oz) de mantequilla derretida y el ajo. Revuelva los champiñones con la mantequilla sazonada y añada a la charola.

Hornee el filete y los champiñones, bañando la carne con los jugos que escurran y volteando dos veces los champiñones, aproximadamente durante 1 hora y 20 minutos, hasta que un termómetro de lectura instantánea insertado en el centro del filete registre 54ºC (130ºF) para término medio.

Pase a una tabla para picar, cubra holgadamente con papel aluminio y deje reposar por 10 minutos. Rebane el filete en contra del grano y acomode en un platón precalentado rodeando con los champiñones asados. Tome la capa de grasa de los jugos de la charola y ponga cucharadas del jugo sobre todo el platillo.

RINDE 8 PORCIONES

## VARIACIÓN CON HONGOS SILVESTRES

En estos días se encuentra una gran variedad de diferentes tipos de hongos. Muchos de ellos no han sido cosechados en el campo como los champiñones sino que han sido cultivados. Pruebe reemplazar algunos o todos los champiñones de esta receta con creminis (portobello miniatura), shiitakes, hongos oyster, etc. Si los encuentra en el mercado use los hongos verdaderamente silvestres como los chantarelles, porcini, azules, duraznillos o morillas que tienen un sabor sobresaliente a madera.

1 filete de res (la punta) limpio de 1.75 a 2 kg (3½- 4 lb)

5 a 6 cucharadas (75 a 90 g/2½-3 oz) de mantequilla sin sal, derretida

1 cucharadita de tomillo fresco, finamente picado o ½ cucharadita del seco

1 cucharadita de salvia fresca o ½ cucharadita de la seca

Sal y pimienta recién molida

1 cucharadita de ajo picado

1 kg (2 lb) de botones de champiñones cepillados y rebanados grueso

14

# PAVO CON GLASEADO DE GROSELLA

**PARA EL GLASEADO DE GROSELLA:**

¾ taza (235 g/7½ oz) de jalea de grosella

¼ taza (60 ml/2 fl oz) de vino tinto seco

2 cucharadas de mostaza Dijon

1 diente de ajo, picado

1 pavo de 5 a 6 kg (10-12 lb)

2 ó 3 cucharadas de mantequilla sin sal, derretida

Para preparar el glaseado, mezcle en una olla pequeña la jalea, vino, mostaza y ajo. Cocine sobre fuego medio moviendo hasta que la jalea se derrita y los ingredientes se integren. Retire del calor y deje enfriar.

Precaliente el horno a 200°C (400°F) y coloque la rejilla en el tercio inferior. Enjuague el pavo bajo el chorro de agua fría y quite las vísceras, la piel y la cola. Seque con toallas de papel. Coloque el pavo con la pechuga hacia abajo sobre una charola de horno aceitada, lo suficientemente grande para que quepa holgadamente.

Hornee el pavo 30 minutos, reduzca la temperatura del horno a 165ºC (325ºF). Retire el pavo del horno, voltee la pechuga hacia arriba y barnice con la mantequilla derretida. Regrese al horno y continúe horneando, cerca de 2 horas, barnizando el pavo con el glaseado dos veces más durante la última hora del tiempo de horneado, hasta que las articulaciones de las piernas se muevan con facilidad y que al picar el muslo con un cuchillo, los jugos salgan claros. Un termómetro de lectura instantánea insertado en la parte más gruesa del muslo (pero sin tocar el hueso) deberá registrar 80ºC (175ºF).

Pase el pavo a una tabla para trinchar, cubra holgadamente con papel aluminio y deje reposar por 10 minutos. Trinche el pavo (página 109), acomode en un platón precalentado y sirva.

*Para Servir: Sirva el Pavo con Verduras de Otoño al Horno (página 99). Use los jugos de la charola para hacer el gravy básico (página 110).*

RINDE DE 10 A 12 PORCIONES

## GROSELLAS ROJAS

El brillante color escarlata y el refrescante sabor ácido de estas frutas hacen una buena combinación con las carnes y las aves. También tienen un alto nivel de pectina, que es un agente natural de gelatina el cual las convierte en la fruta ideal para hacer salsas, jaleas y mermeladas. Los racimos de estas pequeñas frutas circulares se pueden encontrar durante el verano en los mercados, mientras que las jaleas y mermeladas se pueden encontrar fácilmente en tiendas de especialidades o delicatessens y supermercados bien surtidos.

# SALMÓN CON MANTEQUILLA AL ESTRAGÓN

Para hacer la mantequilla de estragón, mezcle la mantequilla, hojas de estragón, vinagre y sal y pimienta al gusto, en un procesador de alimentos. Procese por unos segundos hasta integrar los ingredientes. Pase a un tazón pequeño, usando una cuchara; cubra, o forme un rollo en un papel encerado. Refrigere por lo menos 30 minutos o hasta por 3 días. Pase a un cuarto con temperatura fría antes de servir.

Precaliente el horno a 230ºC (450ºF). Coloque el salmón en una charola para hornear aceitada, lo suficientemente grande para que quepa holgadamente. Barnice el salmón con aceite de oliva y sazone por dentro y por fuera con sal y pimienta al gusto. Coloque las ramas de estragón dentro del pescado.

En un tazón, revuelva los jitomates con la cebolla. Cubra el salmón con la mezcla de jitomate.

Hornee de 20 a 25 minutos hasta que suelte su jugo y su carne se separe en hojuelas al apretarlo con un tenedor.

Retire el salmón del horno y deje reposar por 10 minutos. Con la ayuda de dos espátulas pase el salmón a un platón precalentado rodeando con la mezcla de jitomate. Para servir, si lo desea, retire la piel hacia abajo y corte transversalmente. Ponga en cada porción individual trozos de mantequilla al estragón.

RINDE DE 6 A 8 PORCIONES

## PELANDO JITOMATES

Al pelar los jitomates se eliminan las tiras de la piel que salen al cocinar los jitomates frescos, esos pequeños trozos desagradables a la vista y al paladar. Para pelar los jitomates, haga un corte en cruz en la base de cada uno y sumérjalos en agua hirviendo de 15 a 30 segundos (dependiendo de su madurez) para desprender su piel. Con la ayuda de una cuchara ranurada pase a un tazón con agua con hielos, para detener la cocción. Cuando estén lo suficientemente fríos al tacto, meta sus dedos para retirar la piel. Para quitar las semillas, haga un corte transversal y exprima cuidadosamente para sacar las semillas y el jugo. Corte el corazón y continúe con la receta.

## PARA LA MANTEQUILLA AL ESTRAGÓN:

½ taza (125g/4 oz) de mantequilla sin sal, cortada en trozos del tamaño de una cuchara a temperatura ambiente

2 cucharadas de hojas frescas de estragón

2 cucharadas de vinagre de vino tinto

Sal y pimienta recién molida

1 salmón entero de 2 a 2½ kg (4-5 lb) limpio y sin cabeza

Aceite de oliva, para barnizar

Sal y pimienta recién molida

4 ramas frescas de estragón

2 jitomates, sin piel ni semillas (vea explicación a la izquierda), picados (aproximadamente 1½ taza/280 g/9 oz)

1 cebolla amarilla o blanca pequeña, picada

# PAPAS CAMBRAY AL HORNO

**500 g (1 lb) de papas cambray, cepilladas**

**¼ taza (60 ml/2 fl oz) de aceite de oliva extra virgen**

**1 cucharada de romero fresco, finamente picado o 1½ cucharadita de seco**

**3 dientes de ajo, picados**

**Sal y pimienta recién molida**

Precaliente el horno a 230ºC (450ºF). En un tazón grande, revuelva las papas con ¼ de taza del aceite de oliva, romero, ajo y sal y pimienta al gusto.

Coloque las papas en una sola capa en una charola para hornear aceitada. Hornee de 45 a 55 minutos, moviendo y volteando de vez en cuando, hasta que al picarlas con un tenedor se sientan suaves; el tiempo variará dependiendo del tamaño de las papas.

Pase las papas a un platón de servicio precalentado y sirva de inmediato.

RINDE 6 PORCIONES

## PAPITAS MINIATURA O CAMBRAY

Estos tiernos tubérculos se encuentran en los mercados o supermercados durante la primavera o a principios del verano. Estas son papas con cera, inmaduras, recién cosechadas. Las más comunes son las rojas, pero se pueden encontrar otras variedades. Las papas miniatura tienen la piel delgada y se deben usar tan pronto se cosechen. Las papas cambray llamadas "de monte" se consiguen solamente durante un pequeño periodo del año, pero se puede utilizar cualquier otro tipo de papas pequeñas como las rojas, blancas cremosas o fingerlings.

# PIMIENTOS AL HORNO

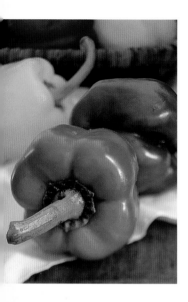

Precaliente el horno a 245ºC (475ºF). Coloque los pimientos en una charola para hornear y ase de 15 a 20 minutos. Voltee varias veces durante el cocimiento para cocinarlos uniformemente, hasta que se tuesten y ampollen por todos lados.

Pase los pimientos a una bolsa de papel o plástico. Cierre la bolsa y deje que los pimientos suden de 10 a 15 minutos, hasta que los pueda tocar. Talle y desprenda la piel tostada. Rebane los pimientos longitudinalmente a la mitad y deseche las semillas, venas y tallos. Corte los pimientos longitudinalmente en tiras delgadas y coloque en un tazón poco profundo.

En un tazón pequeño, bata el aceite de oliva, vinagre, ajo, orégano y sal y pimienta al gusto. Rocíe el aderezo sobre los pimientos y agregue las alcaparras. Revuelva. Deje reposar a temperatura ambiente 30 minutos, cubra y refrigere más de 24 horas. Sirva los pimientos a temperatura ambiente.

Acomode la arúgula en un platón. Cubra con los pimientos y sirva.

RINDE 6 PORCIONES

## VARIEDADES DE PIMIENTOS

Hay pimientos (capsicums) de diferentes colores y su sabor varía en concordancia. El pimiento verde es el más común y es un pimiento inmaduro y ácido. Cuando se madura, se vuelve rojo y dulce.

Los demás colores de pimientos como el amarillo, el naranja y hasta el morado o café son variedades diferentes. Si usted prefiere pimientos más dulces sustituya los verdes de esta receta por amarillos o naranjas. Los pimientos adornan los jardines de verduras caseros con un toque de color muy agradable. Si usted tiene una cosecha abundante, ase y congele para usarlos acompañando salsas, ensaladas o sopas.

1 pimiento verde grande (capsicum)

1 pimiento rojo grande (capsicum)

1 pimiento amarillo grande (capsicum)

¼ taza (60 ml/2 fl oz) de aceite de oliva extra virgen

3 cucharadas de vinagre balsámico

2 dientes de ajo, picados

1 cucharadita de orégano fresco, picado, o ½ cucharadita del seco

Sal y pimienta recién molida

1 cucharada de alcaparras

1 manojo de arúgula (rocket), sin tallo

# AVES

*Presentar en su comedor una crujiente ave horneada, uniformemente dorada y con un tierno y suculento interior, hará sentirse muy orgulloso a cualquier cocinero. Ya sea que se cocine un ganso para fiesta, un pato estilo asiático o un pollo, las aves horneadas son universalmente conocidas por su apariencia reconfortante. Además los sobrantes tendrán carne suficiente para los ocupados días de la semana.*

# POLLO CON LIMÓN Y CEBOLLA

Precaliente el horno a 200ºC (400ºF). Enjuague el pollo bajo el chorro del agua fría quitando las vísceras y seque con toallas de papel. Retire y deseche cualquier piel floja. Coloque el pollo con la pechuga hacia arriba sobre una charola de horno gruesa, engrasada con aceite, lo suficientemente grande para que lo contenga holgadamente. Barnice el pollo con aceite de oliva y rocíe con el jugo de limón. Espolvoree el pollo por dentro y por fuera con el orégano, sal y pimienta. Acomode las rebanadas de cebolla alrededor del pollo y las rebanadas de limón sobre el pollo. Barnice las rebanadas de cebolla y limón con aceite de oliva.

Hornee el pollo de 1 a 1¼ hora, hasta que las articulaciones de la pierna se muevan con facilidad y que al picar el muslo con un cuchillo, los jugos salgan claros. Un termómetro de lectura instantánea insertado en la parte más gruesa del muslo (pero sin tocar el hueso) deberá registrar 77ºC (170ºF). Voltee las cebollas una vez durante el asado.

Pase el pollo a una tabla para trinchar, cubra holgadamente con papel aluminio y deje reposar 10 minutos. Trinche el pollo (página 109) y acomode sobre un platón precalentado. Decore con perejil y sirva con las cebollas y el limón si lo desea.

*Para Servir: Use los jugos de la charola para hacer el gravy básico (página 110).*

RINDE DE 5 A 6 PORCIONES

1 pollo para asar al horno de 2.25 a 2.75 kg (4½-5½ lb)

Aceite de oliva para barnizar

¼ taza (60 ml/2 fl oz) de jugo de limón fresco

4 cucharaditas de orégano picado o 2 cucharaditas del seco

Sal y pimienta recién molida

2 cebollas moradas grandes, rebanadas grueso

1 limón en rodajas de 6 mm (¼ in) de grueso

Perejil liso (italiano) fresco, picado, para decorar

# GALLO CAPÓN CON GLASEADO DE MANGO

PARA EL GLASEADO DE
MANGO:

**2 mangos maduros, en
cubos** *(vea explicación
a la derecha)*

**1 taza (150 ml/8 fl oz) de
jugo de mango (vea Notas)**

**1 gallo capón de 3 a 3½ kg
(6 a 7 lb) (vea Notas)**

**Aceite de canola o aceite
vegetal para barnizar**

**Sal y pimienta recién
molida**

**Almendras en hojuelas
para decorar**

**1 mango maduro, en
cuadros**

Para preparar el glaseado, mezcle en un procesador de alimentos
o licuadora los cubos de mango y el jugo hasta hacerlos puré.
Coloque el puré en un tazón y reserve.

Precaliente el horno a 200ºC (400ºF). Enjuague el gallo bajo el
chorro del agua fría, desechando las vísceras. Seque con toallas de
papel. Retire y deseche cualquier piel suelta. Corte las puntas de
las alas y la cola. Coloque el gallo con la pechuga hacia arriba
sobre una charola de horno aceitada, lo suficientemente grande
para que lo contenga holgadamente. Barnice el exterior del gallo
con el aceite. Sazone por dentro y por fuera con sal y pimienta.

Hornee el gallo de 2¼ a 2¾ horas, hasta que las articulaciones de
la pierna se muevan con facilidad y que al picar el muslo con un
cuchillo, los jugos salgan claros. Un termómetro de lectura
instantánea insertado en la parte más gruesa del muslo (pero sin
tocar el hueso) deberá registrar 77ºC (170ºF). Barnice el gallo con
el glaseado de mango 30 minutos antes de finalizar el tiempo de
horneado, y otra vez 15 minutos más tarde.

Pase el gallo a una tabla para trinchar, cubra holgadamente con
papel aluminio y deje reposar 10 minutos. Mientras tanto, en una
olla pequeña a fuego medio, deje hervir el glaseado de mango
restante por 1 minuto.

Trinche el gallo (página 109) y acomode sobre un platón
precalentado. Decore con las almendras y los dados del mango
restante. Acompañe con el glaseado restante como una salsa.

*Notas: Un gallo es un pollo macho castrado que pesa entre 2.5 y
4 kg (5-8 pounds). El gallo tiene una carne dulce y jugosa y es
particularmente recomendado para hornear. Usted lo tendrá que
encargar con anticipación a su carnicero. El jugo de mango se puede
conseguir en supermercados bien surtidos.*

RINDE 6 PORCIONES

HACIENDO CUBOS DE
MANGO

Esta es una manera rápida para
hacer cubos de mango. Sobre
una tabla de picar, sostenga el
mango en posición vertical
sobre una de sus orillas
angostas e imagine un hueso
plano y largo corriendo
longitudinalmente sobre la fruta.
Apoyándose en el hueso, corte
una rebanada lo más grande
posible a cada lado del mango.
Marque cada rebanada cortada
de con un patrón a cuadros sin
cortar la piel. Utilice sus pulgares
para empujar en contra del lado
de la piel, volteando la rebanada
hacia fuera. Corte a través
de la base de los cubos,
desprendiéndolos de la
piel. Corte la carne restante
del hueso.

# POLLO CON CHILE Y LIMÓN

MANEJANDO CHILES
Los aceites naturales que
contienen los chiles pueden
quemar sus dedos (y sus
ojos, si los talla), por lo que le
recomendamos usar guantes
de plástico para manejar los
más picantes. Retire el tallo,
corte el chile a la mitad
longitudinalmente y
desprenda las semillas y
membranas. Posteriormente,
rebane, corte en cubos o
pique en cuadritos según lo
indique la receta. Si usted
prefiere no usar guantes,
recuerde no tocar su cara
hasta después de lavarse
muy bien sus manos con
jabón y agua caliente.

Enjuague el pollo bajo el chorro del agua fría, desechando las vísceras y seque con toallas de papel. Retire y deseche la piel suelta.

Para preparar el unto de especias, mezcle en un tazón pequeño la paprika, chile en polvo, tomillo, ajo y chile. Revuelva hasta integrar.

Precaliente el horno a 200ºC (400ºF). Coloque el pollo con la pechuga hacia arriba sobre una charola de horno gruesa, engrasada con aceite, lo suficientemente grande para que lo contenga holgadamente. Frote con el unto de especias todo el exterior del pollo. Hornee de 50 a 60 minutos, hasta que las articulaciones de la pierna se muevan con facilidad y que al picar el muslo con un cuchillo, los jugos salgan claros. Un termómetro de lectura instantánea insertado en la parte más gruesa del muslo (pero sin tocar el hueso), deberá registrar 77ºC (170ºF).

Pase el pollo a una tabla para trinchar, cubra holgadamente con papel aluminio y deje reposar 10 minutos. Mientras tanto, coloque la charola de horno con los jugos de escurrimiento, a fuego medio-alto y retire la grasa que se forme en la superficie. Añada el caldo de pollo y desglase la charola, moviendo con una cuchara de madera para desprender los pedacitos dorados del fondo de la charola. Hierva el líquido cerca de 4 minutos y cocine hasta que se reduzca a la mitad. Sazone al gusto con sal y pimienta.

Trinche el pollo (página 109) y acomode sobre un platón precalentado. Adorne con el cilantro. Rocíe con la salsa de la charola sobre el pollo y decore con las rebanadas de limón. Sirva de inmediato.

*Para Servir: Acompañe con frijoles negros y arroz blanco.*

RINDE 4 PORCIONES

1 pollo tomatero de 1.5 a 1.75 kg (3½-3½ lb)

PARA EL UNTO DE ESPECIAS:

2 cucharadas de paprika húngara dulce

1 cucharadita de chile en polvo

½ cucharadita de tomillo seco

2 dientes de ajo machacados

1 chile serrano, sin semillas, finamente picado *(vea explicación a la izquierda)*

¾ taza (180 ml/6 fl oz) de caldo de pollo (página 110) o consomé de lata bajo en sodio

Sal y pimienta recién molida

½ taza (20 g/¾ oz) de cilantro fresco, picado

2 limones, en rebanadas

# GALLINITAS DE GUINEA A LA PROVENZAL

4 gallinitas de guinea de 500 g (1 lb) cada una

3 cucharadas de aceite de oliva, más el necesario para barnizar

Sal y pimienta recién molida

4 calabazas amarillas o calabacitas (courgettes), rebanadas diagonalmente

1 cebolla amarilla o blanca, en rebanadas

2 dientes de ajo, picados

3 cucharadas de vinagre balsámico

2 cucharaditas de hierbas de Provenza

Aceitunas negras estilo Mediterráneo, para decorar (opcional)

Precaliente el horno a 220ºC (425ºF). Enjuague las gallinas bajo el chorro del agua fría, desechando las vísceras y seque con toallas de papel. Barnice con el aceite de oliva y espolvoree por dentro y por fuera con sal y pimienta.

En un tazón, mezcle las calabazas, cebolla, ajo, 3 cucharadas de aceite de oliva, vinagre y hierbas de Provenza.

Coloque las gallinas, con la pechuga hacia arriba, sobre una charola de horno engrasada con aceite, lo suficientemente grande para que lo contenga holgadamente. Coloque la mezcla de verduras alrededor de las gallinas. Hornee de 35 a 40 minutos, hasta que las articulaciones de la pierna se muevan con facilidad y que al picar el muslo con un cuchillo, los jugos salgan claros. Un termómetro de lectura instantánea insertado en la parte más gruesa del muslo (pero sin tocar el hueso) deberá registrar 77ºC (170ºF).

Pase las gallinas a una tabla para trinchar, cubra holgadamente con papel aluminio y deje reposar por 5 minutos. Acomode en platos individuales precalentados con la verdura y decore con las aceitunas negras si lo desea. Sirva inmediatamente.

RINDE 4 PORCIONES

HIERBAS DE PROVENZA

Se pueden conseguir en tiendas especializadas en alimentos o supermercados bien surtidos. Las hierbas de Provenza son una combinación de hierbas secas que evocan los sabores enteros de la cocina del sur de Francia. Típicamente incluyen tomillo, ajedrea anual (summer savory), albahaca, semillas de hinojo y lavanda. Algunas versiones incluyen una mezcla de hierbas dulces como la mejorana con otras hierbas más fuertes como el romero y la salvia.

# PECHUGA DE PAVO CON PERAS AL HORNO

Precaliente el horno a 200ºC (400ºF). Enjuague la pechuga de pavo bajo el chorro del agua fría y seque con toallas de papel. Coloque la pechuga de pavo con la piel hacia arriba sobre una charola de horno aceitada lo suficientemente grande para que lo contenga holgadamente. Barnice la pechuga con la mantequilla derretida y espolvoree con sal y pimienta al gusto.

Hornee la pechuga de pavo por 10 minutos. Reduzca la temperatura del horno a 165ºC (325ºF) y continúe horneando cerca de 1 hora y 25 ó 35 minutos más hasta que al picar con un cuchillo la parte más gruesa de la pechuga, los jugos salgan claros (para un total de tiempo de horneado de 1 hora y 35 ó 45 minutos). Un termómetro de lectura instantánea insertado en la pechuga (pero sin tocar el hueso) deberá registrar 74ºC (165ºF).

Cerca de 1 hora antes de que el pavo esté listo, corte las peras a la mitad a lo largo, descorazone y corte a la mitad longitudinalmente una vez más. En un tazón grande, mezcle con cuidado las peras con el jugo de naranja y la miel. Acomode las peras sobre la pechuga de pavo y alrededor de ella. Voltee dos veces mientras se hornea.

Pase la pechuga a una tabla para trinchar, cubra holgadamente con papel aluminio y deje reposar 10 minutos. Retire las peras y reserve. Corte el pavo en rebanadas delgadas en contra del grano y acomode sobre un platón precalentado. Retire la grasa de los jugos que se formó en la superficie y vierta los jugos sobre el pavo con ayuda de una cuchara. Acomode las peras al horno sobre la pechuga de pavo y alrededor de ella y espolvoree con las nueces. Sirva de inmediato.

RINDE DE 8 A 10 PORCIONES

## TIPOS DE MIEL DE ABEJA

El sabor de la miel de abeja varía considerablemente dependiendo del néctar que las abejas hayan recogido. La miel de trébol es uno de los tipos más comunes, pero dependiendo del lugar donde usted viva, también podrá conseguir miel de acacia, eucalipto, trigo sarraceno virgen, salvia y otras variedades. La miel de flores silvestres (hecha con el néctar de varias flores) generalmente tiene un sabor más fuerte. La miel de botones de naranja es deliciosa y también se puede usar en este platillo.

1 pechuga de pavo con hueso de 2.5 a 3 kg (5-6 lb)

1 ó 2 cucharadas de mantequilla sin sal, derretida

Sal y pimienta recién molida

8 peras maduras firmes como las Bosc o Anjou

¼ taza (60 ml/2 fl oz) de jugo de naranja fresco

¼ taza (90 ml/3 oz) de miel de abeja de flores silvestres u otra miel aromática

¼ taza (30 g/1 oz) de nueces tostadas y picadas

# PATO ESTILO CHINO

1 pato Long Island o Pekin blanco de 2.5 a 3 kg (5-6 lb)

¼ taza (90 g/3 oz) de miel de abeja

1 cucharadita de polvo de 5 especias chinas (página 113)

2 cebollitas de cambray, incluyendo el tallo, cortadas en trozos de 5 cm (2 in), más la parte superior de color verde, rebanada, para decorar

PARA LA SALSA DE REMOJO:

¾ taza (180 ml/6 fl oz) de salsa hoisin

1 cucharada de azúcar

1 cucharadita de aceite de ajonjolí asiático

Enjuague el pato bajo el chorro del agua fría, desechando las vísceras. Amarre el pato con un cordón de cocina por debajo de las alas, dejando un lazo para colgarlo.

En un wok u olla grande, hierva 8 tazas (2 l) de agua. Integre la miel, el polvo de 5 especias y las cebollitas. Reduzca el fuego a bajo. Con cuidado sumerja el pato en el agua y deje cocer al vapor por 6 minutos, dándole vuelta una vez. Retire el pato y cuelgue de 4 a 6 horas en un lugar frío, seco y bien ventilado. Coloque un tazón grande u olla debajo del pato para recoger el líquido de escurrimiento, hasta que el pato se seque. (El cocimiento al vapor y secado al aire ayuda a crear la piel crujiente que se logra durante el horneado.)

Mientras tanto, prepare la salsa de remojo. En una olla pequeña, mezcle la salsa hoisin, azúcar y aceite de ajonjolí. Cocine a fuego medio cerca de 1 minuto, moviendo constantemente, hasta que los ingredientes se integren. Con ayuda de una cuchara, coloque la salsa en un tazón pequeño, cubra y refrigere. Lleve a temperatura ambiente antes de servir.

Para hornear el pato, coloque la rejilla del horno en el tercio más bajo y precaliente el horno a 220ºC (420ºF).

Retire el cordón del pato y deseche. Seque con toallas de papel. Coloque el pato, con la pechuga hacia arriba, sobre una rejilla en una charola de horno engrasada con aceite, lo suficientemente grande para que lo contenga holgadamente. Vierta agua en la charola a una profundidad de 12 mm (½ in). Hornee el pato por 30 minutos. Reduzca la temperatura del horno a 190ºC (375ºF) y continúe horneando cerca de 1 hora, hasta que la piel esté crujiente y las articulaciones de las piernas se muevan con facilidad. Un termómetro de lectura instantánea insertado en la parte más gruesa del muslo (pero sin tocar el hueso) deberá registrar 82ºC (180ºF).

Pase el pato a una tabla para trinchar y deje reposar 10 minutos. Trinche las alas y los muslos; rebane el resto de la carne del pato. Sirva sobre un platón precalentado adornando con los tallos de las cebollitas rebanadas. Acompañe con la salsa de remojo.

RINDE 4 PORCIONES

ARROZ NEGRO

El arroz es el clásico acompañamiento para este platillo. Para hacer un interesante cambio, sirva con algún arroz negro exótico que haya en el mercado. Algunos de ellos son el Japónica, el negro pegajoso tailandés y el de jazmín negro. Todos ellos tienen al cocerse un sabor a nuez y un precioso tinte que va desde el morado ligero hasta el casi negro. Usted encontrará esta variedad de arroces negros o mezclas de arroz en tiendas chinas y del sureste de Asia, tiendas naturistas o supermercados bien surtidos.

# GANSO CON MANZANAS HORNEADAS

Precaliente el horno a 230ºC (450ºF). Enjuague el ganso bajo el chorro del agua fría, deseche las vísceras y seque con toallas de papel. Retire y deseche la piel suelta. Corte las puntas de las alas y la cola. Espolvoree el ganso por dentro y por fuera con sal y pimienta. Pique la piel del ganso con un tenedor por todos lados, sin llegar a la carne. Rellene la cavidad del cuerpo con la cebolla, apio, zanahoria y manzana sin apretar.

Coloque el ganso con la pechuga hacia arriba sobre una rejilla en una charola de horno gruesa y engrasada con aceite, lo suficientemente grande para que lo contenga holgadamente. Vierta agua en la charola a una profundidad de 12 mm (½ in). Hornee el ganso 10 minutos. Reduzca la temperatura del horno a 180ºC (350ºF) y continúe horneando cerca de 2½ horas más, hasta que las articulaciones de las piernas se muevan con facilidad y que al picar con un cuchillo en la parte más gruesa, los jugos salgan claros (para un tiempo total de horneado de 2 horas y 40 minutos, o 20 minutos por cada ½ kg). Un termómetro de lectura instantánea insertado en la pechuga (pero sin tocar el hueso) deberá registrar entre 80 y 82ºC (175-180ºF). Una vez durante el horneado use un rociador para retirar los jugos acumulados y reemplace con agua.

Mientras tanto, prepare las manzanas. Parta a la mitad, quite el corazón y corte en cuartos. Coloque las rebanadas en un tazón, rocíe con el jugo de manzana y vinagre, espolvoree con la canela y el azúcar. Revuelva las manzanas a que se cubran uniformemente. Cerca de 20 minutos antes de que el ganso esté a término, añada las manzanas a la charola con todo y su líquido. Mueva las manzanas una o dos veces durante los 20 minutos restantes.

Pase el ganso a una tabla para picar, cubra holgadamente con papel aluminio y deje reposar 10 minutos. Retire las verduras y las manzanas de la cavidad y deseche. Sirva en un platón precalentado con las rebanadas de manzana horneadas.

*Para Servir: Las instrucciones para trinchar se encuentran en la página 109.*

*Para Servir: Las instrucciones para trinchar se encuentran en la página 109.*

RINDE 6-8 PORCIONES

### GRASA DE GANSO

El ganso, tanto como el pato, contiene una capa gruesa de grasa debajo de su piel. Para hacer la carne agradable, pique la piel completamente antes de cocinar para permitir que la grasa se escurra durante el horneado. Usted tal vez quiera guardar la grasa de ganso, es un ingrediente muy preciado en la cocina francesa, ya que las papas o cualquier cosa que fría en ella tendrán un sabor delicioso. En vez de desechar los jugos de la charola, colóquelos en un frasco y refrigere. Saque a cucharadas la grasa coagulada y refrigere hasta por 1 mes. (Deseche el resto del líquido.)

1 ganso de 4 kg (8 lb)

Sal y pimienta recién molida

1 cebolla amarilla o blanca, rebanada grueso

1 tallo de apio, toscamente picado

1 zanahoria, toscamente picada

1 manzana pequeña, sin pelar, descorazonada y en cuartos.

PARA LAS MANZANAS HORNEADAS:

8 ó 10 manzanas para horno sin pelar

1 taza (250 ml/8 fl oz) de jugo de limón

2 cucharadas de vinagre de sidra

½ cucharadita de canela en polvo

¾ taza (185 g/6 oz) de azúcar

# RES, TERNERA Y VENADO

*Cuando se trata de carnes, existen diferentes técnicas para asarlas. Los cortes magros o sin grasa se benefician con el suavizante método del marinado o al ser envueltos en tocino. Los cortes suaves con su interior marmoleado de grasa, se mantendrán jugosos dentro del horno y se podrán hornear tal como son. Finalmente, la carne molida se mezcla con migas de pan y vegetales resultando un alimento sustancioso que vale la pena repetirse.*

# FILETES MIGNON CON CHALOTES Y PAPAS

## CHALOTES

Los chalotes parecen cabezas de ajo de color bronce, pero su sabor se parece más a su pariente cercano, la cebolla, siendo éstos de sabor más delicado y suave. Escoja chalotes firmes, sin germinados verdes. Almacene como las cebollas en un lugar fresco y seco. Pele como los dientes de ajo, presionando sobre ellos con la parte plana de un cuchillo, y pique grueso o finamente, según lo indique la receta.

Precaliente el horno a 230ºC (450ºF). Para preparar las rebanadas de papas, corte cada papa a la mitad longitudinalmente; posteriormente corte cada mitad a lo largo en 3 ó 4 rebanadas. En una charola para hornear grande y poco profunda, mezcle las rebanadas de papa con el aceite de oliva a cubrir. Coloque en una sola capa y espolvoree con el tomillo. Hornee, volteando una o dos veces, hasta que al picarlas con un tenedor estén suaves, de 40 a 50 minutos. Retire del horno y cubra holgadamente con papel aluminio para mantenerlas calientes.

Mientras tanto, seque los filetes con toallas de papel. Seleccione una charola para hornear poco profunda o una olla de aluminio para hornear lo suficientemente grande para que contenga los filetes cómodamente. Cubra con papel aluminio y barnice con aceite el papel. Añada los chalotes a la charola e integre la mantequilla derretida a cubrir.

Barnice los filetes con aceite y sazone con sal y pimienta. Coloque una sartén grande y limpia, de preferencia de hierro fundido, sobre fuego alto. Cuando esté bien caliente, espolvoree la sartén ligeramente con sal (vea Nota). Dore los filetes en tandas, de 5 a 6 minutos por tanda, volteando una sola vez, hasta que tengan un bonito color. Pase los filetes a la charola de horno y acomode sobre los chalotes, dejando una separación de por lo menos 5 cm (2 in).

Cuando retire las papas del horno, eleve la temperatura a 245ºC (475ºF). Hornee los filetes cerca de 7 minutos en total, hasta que un termómetro de lectura instantánea insertado en el centro del filete registre los 52ºC (125ºF) para término rojo.

Pase los filetes a una tabla de picar, cubra holgadamente con papel aluminio y deje reposar 5 minutos. Acomode en platos individuales precalentados acompañando con los chalotes y las rebanadas de papa y sirva.

*Nota: Espolvorear sal en la sartén caliente antes de sellar los filetes evita que se peguen en ella*

RINDE 6 PORCIONES

PARA LAS PAPAS:

**4 papas russet sin pelar, talladas**

**2 cucharadas de aceite de oliva extra-virgen**

**Tomillo fresco, finamente picado o seco, para espolvorear**

**6 filetes mignon, cada uno de 185 g (6 oz) y de 3 cm (1¼ in) de grueso**

**2 tazas (315 g/10 oz) de chalotes, rebanados (20 chalotes grandes aproximadamente)**

**2 cucharadas de mantequilla derretida sin sal**

**Aceite de oliva extra-virgen, para barnizar**

**Sal y pimienta recién molida**

# ENTRECOTE AL HORNO CON PUDÍN YORKSHIRE

1 costillar de entrecote para hornear de 3 a 3.25 kg (6-6½ lb)

PARA EL PUDÍN YORKSHIRE:

3 huevos

1 taza (250 ml/8 fl oz) de leche

1 taza (155g/5 oz) de harina de trigo (simple)

½ cucharadita de sal

2 cucharadas de grasa, para la charola de horneado

¾ taza (180 ml/6 fl oz) de vino tinto seco

Sal y pimienta negra recién molida

Coloque la rejilla en el tercio inferior del horno y precaliente a 230ºC (450ºF). Coloque el entrecote, con la grasa hacia arriba, en una charola para hornear a prueba de flamas, engrasada con aceite, lo suficientemente grande para que lo contenga holgadamente. Hornee 20 minutos, reduzca la temperatura a 180ºC (350ºF) y continúe horneando cerca de 1 hora y 10 minutos más, (para un tiempo total de horneado de 1½ hora), hasta que un termómetro de lectura instantánea insertado en el centro del entrecote registre de 52º a 54ºC (125º-130ºF) para carne roja a término medio.

Mientras la carne se está horneando, prepare la pasta para el pudín Yorkshire. En un tazón, bata juntos los huevos y la leche. Integre la harina y la sal. Vierta a una pequeña jarra, cubra y refrigere.

Pase el costillar a una tabla para trinchar y cubra holgadamente con papel aluminio. Deje reposar mientras se hornea el pudín.

Para preparar el pudín, aumente la temperatura del horno a 230ºC (450ºF). Retire la grasa que se formó en la superficie de los jugos, reservando tanto la grasa como los escurrimientos de la charola. Coloque 2 cucharadas de la grasa en un molde de metal para pay o un molde para horno y hornee cerca de 4 minutos, hasta que esté muy caliente. Ponga la pasta en el molde caliente. Hornee en la rejilla inferior del horno cerca de 20 minutos, hasta que el pudín esponje y se dore, girando la charola para que se esponje uniformemente.

Mientras tanto, coloque la charola de horno con los jugos sobre fuego medio. Vierta el vino y desglase la charola moviendo para raspar los pedacitos dorados. Continúe cocinando cerca de 5 minutos, hasta que el líquido se reduzca a la mitad. Sazone al gusto con sal y pimienta. Ponga en una salsera.

Antes de que esté listo el pudín, rebane la carne y acomode en un platón precalentado. Sirva con el pudín y la salsa.

RINDE DE 6 A 8 PORCIONES

PUDÍN YORKSHIRE

Este sabroso pudín se hace con la misma pasta de los popovers, pero en vez de ser puestos en moldes individuales, se hace como un pan grande de soufflé. El secreto para un buen pudín, es hacer que tanto el molde como la grasa estén bien calientes cuando integre la pasta. Esto hace que la pasta se cocine inmediatamente al entrar en contacto con el molde y el pudín se esponje correctamente. Sirva el pudín Yorkshire directamente del horno ya que se desinfla rápidamente.

# AGUJAS DE RES CON PORO Y ESPINACA

Precaliente el horno a 180ºC (350ºF). En una sartén grande y seca sobre fuego medio, dore las costillas en tandas, de 8 a 10 minutos por tanda, moviendo hasta que tomen un bonito color. Pase a una charola para hornear gruesa y aceitada, lo suficientemente grande para que las contenga a todas holgadamente.

En un tazón mezcle los poros, ajo, consomé, salsa catsup y sal y pimienta al gusto. Mezcle y vierta sobre las costillas.

Hornee las costillas 30 minutos. Incorpore las espinacas hasta integrar por completo. Continúe horneando de 15 a 30 minutos más, hasta que las costillas se sientan suaves al picarlas con un tenedor.

Pase las costillas con su jugo y verduras a un tazón grande poco profundo y sirva caliente.

*Para Servir: Acompañe este nutritivo platillo con una ensalada verde.*

RINDE 6 PORCIONES

3 kg (6 lb) de agujas de res

2 poros grandes, solamente la parte blanca, rebanados a lo ancho

4 dientes de ajo

1 taza (250 ml/8 fl oz) de consomé de res (página 110) o de lata bajo en sodio

½ taza (140 g/4½ oz) de salsa catsup

Sal y pimienta recién molida

1 manojo de espinacas, limpias y sin tallos

# SANDWICHES DE CUETE

**1 cuete de res de aproximadamente 2.25 kg (4½ lb)**

**185 g (6 oz) de tocino, en rebanadas**

**1 manojo de eneldo fresco, sin tallo**

**Bollos para sándwich tipo pan de cebolla, croissants o pan de papa, partidos horizontalmente a la mitad**

**Mostaza Dijon a la antigua**

**Rebanadas de jitomate**

**Hojas de lechuga**

**Rebanadas de cebolla morada**

**Pickles de eneldo**

Precaliente el horno a 230ºC (450ºF). Envuelva el cuete con las rebanadas de tocino y coloque en una charola para hornear lo suficientemente grande para que lo contenga holgadamente. Acomode varias ramas de eneldo sobre la carne.

Hornee 15 minutos. Reduzca la temperatura del horno a 200ºC (400ºF) y continúe horneando hasta que un termómetro de lectura instantánea insertado en la parte más gruesa del asado registre 52ºC (125ºF) para término rojo, cerca de 1 hora más (para un tiempo total de horneado de 1¼ hora).

Pase el asado a una tabla de trinchar, cubra holgadamente con papel aluminio y deje reposar 10 minutos. Retire y desmenuce el tocino. Rebane la carne delgada en contra de su grano, acomode en un platón precalentado y cubra con el tocino. Coloque el eneldo restante alrededor de la carne. Acompañe con una canasta de bollos y mostaza, jitomates, hojas de lechuga cebolla morada y pickles, permitiendo que los comensales hagan sus propios sandwiches.

RINDE DE 10 A 12 PORCIONES

ENELDO

Esta delicada hierba es atesorada no sólo por su brillante apariencia y su ligero sabor a hierba. El eneldo es un preservativo natural, por lo que se usa para preparar pickles y curar salmón. También se considera una hierba digestiva. El té frío de eneldo alguna vez fue un remedio popular para los cólicos de los bebes. El eneldo fresco se consigue en muchos mercados.

# PASTEL DE CARNE CON CEBOLLAS Y ZANAHORIAS

Precaliente el horno a 180ºC (350ºF). En una olla sobre fuego medio-alto, caliente el aceite de oliva. Agregue la cebolla picada, pimiento y ajo y saltee cerca de 5 minutos, moviendo ocasionalmente, hasta suavizar. Pase la mezcla a un tazón grande e integre la salsa picante, salsa inglesa, mostaza, agua y migas de pan. Añada la carne molida, huevos, ½ cucharadita de sal y ¼ cucharadita de pimienta. Mezcle hasta integrar por completo.

Con una cuchara coloque la mezcla en un molde de barra de 23 por 13 cm (9x5 in) haciendo una barra compacta. Hornee hasta que esté bien cocido, aproximadamente 1 hora.

Mientras tanto, en una sartén sobre fuego medio, derrita la mantequilla. Añada la cebolla rebanada y la zanahoria rallada y cocine, mezclando ocasionalmente, hasta dejar suave, cerca de 5 minutos. Sazone al gusto con sal y pimienta.

Retire el pastel de carne del horno y deje reposar por 5 minutos. Rebane y sirva con las cebollas y zanahorias.

*Para Servir: Sirva con puré de papas.*

*Variación: Cueza 2 huevos duros (página 113), deje enfriar y pele. Con una cuchara ponga la mitad de la mezcla de carne en el molde, coloque los huevos, punta contra punta, en el centro y cubra con el resto de la mezcla de carne. Presione sobre la mezcla para compactar; hornee como se indica.*

RINDE 8 PORCIONES

## PREPARANDO AJO

Para picar un diente de ajo, corte las 2 puntas del diente, afloje el papelillo aplastando el diente ligeramente con la parte plana de un cuchillo largo, usando la parte inferior de la palma de su mano para aplicar la presión. Retire la piel y pique el ajo en trozos pequeños. Si el diente de ajo tiene un germinado verde en el centro, el ajo estará un poco pasado de tiempo. Usted lo podrá usar, pero parta a la mitad a lo largo antes de picarlo y retire el germinado, el cual sabe amargo. El ajo también puede saber amargo si se quema, por lo que hay que cuidarlo atentamente cuando se cocina.

2 cucharadas de aceite de oliva

3 cebollas amarillas o blancas, 1 picada y 2 rebanadas

1 pimiento verde (capsicum), sin semillas y picado

2 dientes de ajo, picados

¼ taza (60 ml/2 fl oz) de salsa picante

2 cucharaditas de salsa inglesa

2 cucharadas de mostaza Dijon a la antigua

½ taza (125 ml/4 fl oz) de agua

½ taza (125 ml/4 fl oz) de migas de pan secas de trigo entero (página 70)

1 kg (2 lb) carne molida (diezmillo de res)

2 huevos, ligeramente batidos

Sal y pimienta recién molida

3 cucharadas de mantequilla sin sal

2 zanahorias, sin piel y ralladas

# PECHO DE TERNERA INCRUSTADO CON HIERBAS

1 pecho de ternera con hueso de 2.75 a 3 kg (5½–6 lb) con una abertura en la parte alta *(ver explicación a la derecha)*

PARA EL RELLENO:

2 cucharadas de mantequilla sin sal

1 cebolla amarilla o blanca, picada

3 dientes de ajo, picados

3/4 taza (30 g/1 oz) de cilantro fresco (italiano), picado

2 tazas (250 g/8 oz) de migas de pan (página 70)

625 g (1¼ lb) de ternera molida

2 huevos, ligeramente batidos

Sal y pimienta recién molida

Aceite de oliva para barnizar

Sal y pimienta recién molida

2 cucharaditas de tomillo seco

1 cucharadita de albahaca seca

½ cucharadita de paprika dulce Húngara

1 cebolla grande amarilla o blanca

4 zanahorias, sin piel

6 papas russet, sin pelar, talladas

Precaliente el horno a 180ºC (350ºF). Si el carnicero no ha hecho la abertura, córtela en la parte superior del pecho de ternera.

Para preparar el relleno, derrita la mantequilla en una sartén sobre fuego medio. Agregue la cebolla y el ajo y saltee hasta que esté traslúcida, cerca de 5 minutos. Retire del fuego y pase a un tazón. Integre el perejil, migas de pan, ternera molida, huevos y sal y pimienta al gusto. Integre hasta incorporar por completo.

Barnice el pecho de ternera con aceite y sazone por dentro y por fuera con sal y pimienta. Rellene la abertura con la mezcla de migas. Amarre la ternera apretando con hilo de cocina para evitar que el relleno se salga. Coloque la ternera con el hueso hacia abajo en una charola de horno pesada y aceitada, lo suficientemente grande para que la contenga holgadamente. Espolvoree la ternera con el tomillo, la albahaca y la paprika.

Corte la cebolla en rebanadas, corte las zanahorias en rebanadas diagonales de 12 mm (½ in) de grueso y corte cada papa en 6 rebanadas de 2 cm (¾ in) de grueso. Acomode la verdura alrededor de la ternera.

Hornee, bañando con el jugo ocasionalmente, hasta que al picar con un tenedor esté suave, cerca de 2 horas, dependiendo del peso de la ternera. Un termómetro de lectura instantánea insertado en el centro de la ternera debe registrar 71ºC (160ºF), no sobre cocine; la carne debe estar húmeda. Voltee las verduras 2 ó 3 veces durante el horneado.

Pase la ternera a una tabla de trinchar, cubra holgadamente con papel aluminio y deje reposar por 10 minutos. Rebane la ternera entre las costillas, cortando entre los cartílagos que juntan los huesos. Acomode en platos individuales precalentados con las verduras. Sirva caliente.

*Nota: El pecho de ternera no es un corte conocido, pero es delicioso si lo prepara al horno. Pídalo a su carnicero con anticipación.*

RINDE 6 PORCIONES

INCRUSTANDO PECHO DE TERNERA

El pecho de ternera, con su grasa interior es un buen corte para asar al horno y por lo general se rellena. Para preparar el pecho para rellenarlo, corte una bolsa horizontal en la sección superior del pecho paralela a los huesos. Amarrar el pecho de ternera le ayudará a mantener su forma y facilita el corte. Para más información sobre cómo incrustar la carne, vea la página 106.

# FILETE DE VENADO CON MORAS AZULES

Para preparar la marinada, mezcle en un tazón el vino, aceite de oliva, jugo de naranja, cebollitas de cambray, hojas de laurel y pimienta hasta integrar.

Coloque los filetes de venado en una bolsa grande de plástico con cierre hermético y añada la marinada. Cierre la bolsa y coloque en un plato o un tazón. Refrigere de 24 a 36 horas, voltee la bolsa ocasionalmente para que se cubra el venado con la marinada. Retire el venado del refrigerador 30 minutos antes de hornear y escurra, deseche la marinada.

Precaliente el horno a 190ºC (375ºF). Coloque los filetes de venado en una charola para hornear aceitada lo suficientemente grande para que los contenga holgadamente. Barnice los filetes con la mantequilla derretida y espolvoree con la sal y la pimienta. Esparza 1 taza (125 g/4 oz) de las moras azules sobre la carne (la mayoría caerá hacia los lados).

Hornee el venado hasta que un termómetro de lectura instantánea insertado en la carne registre 52ºC (125ºF) para término rojo, cerca de 40 minutos.

Pase los filetes a una tabla de trinchar, cubra holgadamente con papel aluminio y deje reposar por 10 minutos.

Mientras tanto, prepare la salsa. Mezcle las moras azules de la charola para hornear, oporto y jalea de moras azules en una olla pequeña. Coloque sobre fuego medio y cocine moviendo ocasionalmente hasta que la jalea se derrita.

Rebane el venado delgado en contra del grano y acomode en un platón precalentado. Rocíe la salsa sobre el venado, cubra con las 2 tazas (250 g/8 oz) restantes de moras azules frescas y sirva.

*Nota: El venado es mejor cuando no se cocina más allá del término rojo-medio. Cuando está bien cocido se endurece y desarrolla un olor desagradable.*

*Para Servir: Este platillo es muy rico si se acompaña con pastinaca asada (página 99).*

RINDE 4 PORCIONES

## MARINANDO

Las marinadas sirven para dar sabor a la comida y para suavizarla. Generalmente se incluyen hierbas, especias, ajo y otros ingredientes con sabor fuerte, además de un ácido como el vino o jugo cítrico que actúa como suavizante. Una carne dura como el venado se beneficia con un marinado largo. Lo más sencillo es mezclar la marinada con el venado en una bolsa de plástico con cierre hermético, volteando la bolsa sellada para cubrir la comida correctamente, y después coloque en un tazón poco profundo y refrigere. Voltee la bolsa ocasionalmente para cubrir los alimentos uniformemente con la marinada. Retire del refrigerador por lo menos 30 minutos antes de hornear.

## PARA LA MARINADA:

2 tazas (500 ml/16 fl oz) de vino tinto seco

¾ taza (180 ml/6 fl oz) de aceite de oliva

½ taza (125 ml/4 fl oz) de jugo de naranja

1 cebollita de cambray incluyendo el tallo verde, finamente picada

3 hojas de laurel

½ cucharadita de pimienta recién molida

2 filetes de venado de cerca de 750 g (1½ lb) de peso total

2 cucharadas de mantequilla sin sal, derretida

Sal y pimienta recién molida

3 tazas (375 g/12 oz) de moras azules

## PARA LA SALSA:

½ taza (125 ml/4 fl oz) de oporto

½ taza (90 g/3 oz) de jalea de moras azules

# PUERCO Y CORDERO

*En el rango más alto de las mejores carnes para hornear se encuentran las deliciosas carnes de puerco y cordero. Las costillitas cocinadas lentamente en el horno y suavizadas con la salsa barbecue son un antojo especial para cualquier día del año y un lomo de puerco no solamente es delicioso sino sorprendentemente bajo en grasa. El sabor delicioso y diferente de un cordero horneado se acompaña a la perfección con menta y otras hierbas.*

# FILETE DE PUERCO CON GLASEADO DE CEBOLLAS DULCES

CEBOLLAS DULCES

Algunas variedades de cebollas son especialmente suaves y ganan dulzor al cocinarse. Las Vidalia crecen al sureste de Georgia y son las cebollas más dulces que se conocen en el sur de los Estados Unidos. Comparten su pasado con otras cebollas dulces como las Maui de Hawaii, la Walla Walla de Washington y la Granos de Texas. En esta receta se puede usar cualquier cebolla dulce.

Precaliente el horno a 190°C (375°F). En una sartén grande sobre fuego medio, derrita la mantequilla. Añada las cebollas y saltee cerca de 2 minutos, hasta que se suavicen. Incorpore el azúcar, vinagre, sultanas y sal y pimienta al gusto; cocine cerca de 3 minutos, hasta que las cebollas se suavicen y glaseen.

Acomode los filetes de puerco en una charola para hornear aceitada, lo suficientemente grande para que los contenga holgadamente. Con la ayuda de una cuchara ponga las cebollas sobre el puerco. Hornee el puerco cerca de 45 minutos, hasta que se dore por el exterior y quede ligeramente rosado en el centro. Un termómetro de lectura instantánea insertado en el centro del puerco deberá registrar de 68° a 71°C (155°F-160°F).

Pase los filetes de puerco a una tabla de trinchar, cubra holgadamente con papel aluminio y deje reposar por 5 minutos. Rebane y sirva en platos individuales precalentados con las cebollas glaseadas.

RINDE 8 PORCIONES

**2 cucharadas de mantequilla sin sal**

**2 cebollas Vidalia o cebollas dulces, rebanadas**

**2 cucharadas compactas de azúcar morena oscura**

**2 cucharadas de vinagre balsámico**

**½ taza (90 g/3 oz) de uvas pasas doradas (sultanas) o chabacanos secos picados**

**Sal y pimienta negra recién molida**

**2 filetes de puerco de aproximadamente 500 g (1 lb)**

# CHULETAS DE PUERCO RELLENAS DE COUSCOUS

PARA EL RELLENO:

1¼ taza (310 ml/10 fl oz) más 3 cucharadas de caldo de pollo (página 110) o caldo de pollo bajo en sodio enlatado

5 cucharadas (75 g /2½ oz) de mantequilla sin sal

¾ taza (125 g/4 oz) de couscous

1 cebolla chica amarilla o blanca, finamente picada

2 dientes de ajo, picados

½ taza (90 g/3 oz) de uvas pasas secas (pasitas)

½ taza (75 g/2½ oz) de piñones

⅛ cucharadita de canela molida

Sal y pimienta recién molida

6 chuletas de puerco sin hueso de 1.25 kg (2½ lb) de peso total cortadas en mariposa *(vea explicación a la derecha)*

Mermelada de naranja, para barnizar

Para preparar el relleno, mezcle en una olla 1¼ taza de caldo de pollo con 2 cucharadas de mantequilla. Deje hervir sobre fuego medio. Integre el couscous. Retire del fuego, tape y deje reposar por 5 minutos. Destape el couscous y esponje con un tenedor.

En una sartén sobre fuego medio, derrita las 3 cucharadas restantes de mantequilla. Añada la cebolla y el ajo y saltee cerca de 5 minutos, hasta que se suavicen. Retire del fuego e incorpore las pasitas, piñones, couscous, canela, ½ cucharadita de sal y ¼ cucharadita de pimienta. Revuelva la mezcla con las 3 cucharadas de caldo de pollo restantes o el necesario para mantenerla ligeramente unida.

Precaliente el horno a 180ºC (350ºF). Rellene cada chuleta generosamente con la mezcla e inserte palillos de madera para mantener las chuletas cerradas. Reserve cerca de ⅓ de taza (60 g/2 oz) de relleno para espolvorear sobre las chuletas. Acomode las chuletas de puerco en una charola para horno aceitada, lo suficientemente grande para que quepan holgadamente y cubra generosamente con la mermelada. Espolvoree con la mezcla reservada y presione ligeramente sobre la mermelada, para que se pegue en las chuletas.

Hornee de 40 a 45 minutos, hasta que las chuletas estén doradas por fuera y ligeramente rosadas en el centro.

Pase las chuletas a platos individuales precalentados, retire los palillos y sirva calientes.

*Para Servir: Sirva con pan árabe caliente untado con mantequilla y pimientos al horno (capsicums) (página 22).*

RINDE 6 PORCIONES

## CORTE EN MARIPOSA

Las chuletas de puerco cortadas en mariposa se venden en la mayoría de supermercados y carnicerías, pero si usted no las encuentra, usted misma puede hacer el corte en mariposa. Compre chuletas de puerco sin hueso que sean de por lo menos de 2.5 cm (1 in) de grueso. Sujetando un cuchillo paralelamente a la tabla de picar y empezando por el lado redondo, rebane la carne horizontalmente deteniéndose a los 2.5 cm (1 in) de la orilla. Abra la carne a dejar plana como un libro o una mariposa.

# COSTILLAS DE LOMO DE PUERCO CON SALSA BARBECUE

Para preparar la salsa barbecue, caliente el aceite de cacahuate en una sartén a fuego medio. Añada la cebolla, ajo y chile y saltee cerca de 5 minutos, hasta que la cebolla se vuelva traslúcida. Agregue los jitomates con su jugo, la salsa inglesa, el azúcar, el vinagre, el comino y la sal. Deje hervir a fuego medio, reduzca el calor a bajo, moviendo ocasionalmente por 5 minutos para mezclar los sabores. Pruebe y rectifique la sazón. Retire del fuego y deje enfriar.

Precaliente el horno a 180ºC (350ºF). Corte el costillar en secciones de 6 a 8 costillas. Acomode las costillas en una rejilla sobre una charola para horno, lo suficientemente grande para que quepan holgadamente (si es necesario coloque algunas encima) y vierta 2 tazas (500 ml/16 fl oz) de agua en la charola. Cubra la charola con papel aluminio grueso. Hornee las costillas 45 minutos. Retire la charola del horno, destape y barnice las costillitas por ambos lados con la salsa. Vuelva a hornear, destapadas, cerca de 15 minutos más, hasta que al picar con un tenedor estén suaves, (para un tiempo total de horneado de 1 hora). Retire del horno. Barnice las costillitas generosamente por ambos lados con la salsa. Deje reposar 5 minutos.

Sirva calientes y acompañe con más salsa.

*Para Servir: Sirva estas costillitas con pan de maíz y ensalada de col.*

*Preparación por Adelantado: La salsa de barbecue se puede preparar con uno o dos días de anticipación. Pase la salsa a un tazón que no sea de aluminio, tape y refrigere. Recaliente a fuego medio, para quitarle lo frío. Sí usted tiene prisa, utilice una salsa embotellada de buena calidad y sazone con chiles y ajos salteados, salsa de chile picante o cualquier cosa que usted desee.*

RINDE 6 PORCIONES

PARA LA SALSA BARBECUE:

3 cucharadas de aceite de cacahuate

1 cebolla amarilla o blanca, picada

4 dientes de ajo, picados

1 chile jalapeño, sin semillas y rebanado (página 30)

1½ taza (280 g/9 oz) de jitomates en cubos de lata, incluyendo su jugo

1 cucharadita de salsa inglesa

¼ taza (60 g/2 oz) compacta de azúcar morena clara

¼ taza (60 ml/2 fl oz) de vinagre de vino tinto

1 cucharadita de comino molido

¼ cucharadita de sal

3 kg (6 lb) de costillar de lomo de cerdo, en trozo

# LOMO DE PUERCO INCRUSTADO CON ESPECIAS A LA RATATOUILLE

**PARA EL INCRUSTADO DE ESPECIAS:**

½ cucharadita de orégano seco

½ cucharadita de ajo en polvo

½ cucharadita de pimienta recién molida

1 lomo de puerco sin hueso, de aproximadamente 1.5 kg (3 lb)

3 jitomates, picados toscamente

3 berenjenas miniatura globo (aubergines), sin piel y cortadas en trozos

1 calabacita (courgette), cortada en trozos

1 pimiento rojo o verde (capsicum), sin semillas y cortado en trozos

1 cebolla amarilla o blanca, cortada en trozos

3 dientes de ajo, finamente picados

2 cucharaditas de albahaca fresca o 1cucharadita de la seca

Sal y pimienta recién molida

2 cucharadas de alcaparras con todo y su jugo

Precaliente el horno a 200ºC (400ºF). Para preparar el incrustado de hierbas, mezcle el orégano, polvo de ajo y pimienta en un tazón pequeño.

Seque con toallas de papel el lomo e incruste las hierbas por todos lados. Coloque el lomo sobre una charola para horno gruesa y engrasada con aceite, lo suficientemente grande para que quepa holgadamente.

Acomode los jitomates, berenjenas, calabacitas, pimientos y cebolla alrededor del lomo. Espolvoree con el ajo, albahaca y sal y pimienta al gusto. Cubra con las alcaparras.

Hornee el lomo cerca de 1½ hora, hasta que esté bien cocido pero siga rosado en el centro. Un termómetro de lectura instantánea insertado en el lomo debe registrar de 68º a 71ºC (155º-160ºF). Voltee las verduras dos veces durante el horneado.

Pase el puerco a una tabla de trinchar, cubra holgadamente con papel aluminio y deje reposar por 10 minutos. Rebane y acomode en un platón precalentado. Coloque las verduras alrededor del lomo y sirva.

RINDE 6 PORCIONES

**BERENJENAS**

Las berenjenas (aubergines) vienen en una gran variedad de tamaños y formas, desde las que son ligeramente más grandes que un huevo y del mismo color marfil, hasta la variedad clásica morada y grande. Las berenjenas miniaturas se parecen a sus parientes cercanos grandes pero en pequeño. Generalmente miden entre 7.5 cm y 13 cm (3-5 in) de largo. Tienen la piel más delgada que las berenjenas grandes y es menos probable que sean amargas. Otras alternativas para este platillo son la berenjena asiática, morada y delgada o la variedad delgada de color lavanda pálido, conocida como berenjena china.

# JAMÓN GLASEADO A LA NARANJA

Precaliente el horno a 180ºC (350ºF). Con la ayuda de un cuchillo pequeño, retire la piel del jamón, dejando una capa de grasa de aproximadamente 6 mm (¼ in) de grueso. Acomode el jamón, con la grasa hacia arriba, sobre una charola gruesa para horno engrasada con aceite, lo suficientemente grande para que quepa holgadamente. Hornee el jamón por una hora.

Mientras tanto, para hacer el glaseado, mezcle la mermelada de naranja con el jugo de naranja en una olla pequeña. Cocine a fuego bajo moviendo frecuentemente, hasta que la mermelada se derrita. Retire del fuego e integre el jerez y la mostaza.

Retire el jamón del horno y marque la grasa con un diseño de rombos. Clave en el centro de cada rombo un clavo, si lo desea. Barnice el jamón con el glaseado de naranja. Regrese el jamón al horno y ase cerca de 1 hora más, hasta que esté bien caliente. Un termómetro de lectura instantánea insertado en el jamón debe registrar 71ºC (160ºF). Vuelva a barnizar el jamón dos veces durante la última hora del horneado.

Retire el jamón del horno, pase a una tabla de trinchar, cubra holgadamente con papel aluminio y deje reposar por 10 minutos. Deje que los jugos de la charola se enfríen durante 5 minutos, después viértalos en una olla pequeña y retire la capa superficial de grasa. Cocine a fuego medio-bajo de 2 a 3 minutos, hasta que esté bien caliente.

Rebane y acomode en un platón precalentado. Coloque el jugo caliente de la charola en un tazón para acompañar el jamón.

*Para Servir: Este jamón es delicioso si se acompaña con camotes y galletas con miel.*

RINDE CERCA DE 16 PORCIONES

### ESTILOS DE JAMON

El jamón que utiliza esta receta es curado-húmedo, que significa que ha sido remojado o inyectado con salmuera durante su curado. Los jamones curados en seco como el americano Smithfield, el prosciutto italiano o el alemán selva negra, son diferentes estilos de jamones que no deben ser horneados como se indica en esta receta. Cuando compre jamones curados-húmedos escoja los que en su etiqueta de curado diga "con jugos naturales" mejor que los que dicen "con la adición de agua". Los jamones con su hueso permanecen más jugosos y saben mejor que los que no lo tienen; los jamones de la parte final de la pierna tienen más sabor que los del otro extremo.

1 pieza de jamón del final de la pierna, curado en húmedo, con hueso, de 3 a 4 kg (6-8 lb)

PARA EL GLASEADO DE NARANJA:

1 taza (315 g/10 oz) de mermelada de naranja

2 cucharadas de jugo de naranja fresco

¼ taza (60 ml/2 fl oz) de crema de jerez

¼ taza (60 g/2 oz) de mostaza suave

Clavos enteros, para mechar el jamón (opcional)

# COSTILLAR DE CORDERO EN SALSA DE MENTA

**PARA EL INCRUSTADO DE ESPECIAS:**

2 cucharadas compactas de azúcar morena oscura

½ cucharadita de pimienta recién molida

1 cucharada de cardamomo molido

½ cucharadita de canela

2 costillares de cordero, cada uno de 7 a 8 costillas, de 750 a 875 g (1½-1¾ lb) de peso total

**PARA LA SALSA DE MENTA:**

½ taza (15 g/½ oz) de hojas de menta o yerbabuena fresca

2 cucharadas de azúcar glass

⅓ taza (90 ml/3 fl oz) de vinagre de sidra o vinagre de vino de arroz

Para preparar el incrustado de hierbas, mezcle el azúcar morena, la pimienta, el cardamomo y la canela en un tazón pequeño hasta integrar.

Talle los costillares con la mezcla de hierbas por todos lados. Coloque los costillares de cordero en un plato, cubra y deje reposar a temperatura ambiente por lo menos 30 minutos o hasta por 2 horas.

Precaliente el horno a 245ºC (475ºF). Coloque los costillares en una charola para horno aceitada, lo suficientemente grande para que quepan holgadamente. Hornee 10 minutos. Reduzca la temperatura a 190ºC (375ºF) y continúe horneando de 10 a 15 minutos, hasta que un termómetro de lectura instantánea insertado en el costillar (pero sin tocar el hueso) registre 52ºC (125ºF) para término rojo. Pase el costillar a una tabla de trinchar, cubra holgadamente con papel aluminio y deje reposar por 5 minutos.

Mientras el cordero se hornea, prepare la salsa de menta. Mezcle la menta, azúcar glass y el vinagre en una licuadora o un procesador de alimentos pequeño y mezcle hasta que la menta esté finamente picada. Pase a un tazón de vidrio con ayuda de una cuchara. Reserve.

Corte el cordero en porciones individuales y acomode en platos individuales precalentados. Sirva caliente y rocíe con la salsa de menta.

*Para Servir: Sirva con espárragos al horno (página 88) y papas en rebanadas (página 42).*

RINDE 4 PORCIONES

MENTA

Esta hierba suave pierde casi totalmente su vibrante sabor al secarse; cuando sea posible úsela fresca. La hierba etiquetada con el nombre de "menta" en los supermercados puede ser tanto menta como hierbabuena. De estas dos, la hierbabuena tiene un sabor más fuerte. Para almacenarla, corte los botones de los tallos y coloque las ramas en un vaso de agua, como si fueran flores frescas. Cubra holgadamente con una bolsa de plástico y guarde en el refrigerador hasta por 1 semana. (Este método de almacenaje también se recomienda para el perejil y el cilantro).

# SILLA DE CORDERO CON MIGAS DE PAN SAZONADO

Coloque la rejilla en el tercio más bajo del horno y precaliente a 190°C (375°F). Coloque el cordero en una charola para hornear gruesa a prueba de flamas, engrasada con aceite, lo suficientemente grande para que lo contenga holgadamente. Espolvoree generosamente con sal y pimienta y coloque en el horno.

Apenas meta el cordero al horno, prepare las migas de pan sazonado. En un tazón, mezcle las migas con el perejil, chalotes y ajo. Integre la mantequilla derretida. Retire el cordero del horno después de 40 ó 45 minutos de horneado y cubra con las migas, presionando suavemente sobre ellas. Regrese el cordero al horno y continúe horneando, cerca de 45 ó 50 minutos más, bañando dos veces con los jugos de la charola, hasta que un termómetro de lectura instantánea insertado en el cordero registre 52°C (125°F ) para carne roja, (para un tiempo total de horneado de 1½ hora). Pase el cordero a una tabla para trinchar, cubra holgadamente con papel aluminio y deje reposar 10 minutos.

Mientras tanto, coloque la charola de hornear con los jugos de escurrimiento sobre fuego medio-alto y retire la grasa que se formó sobre la superficie. Añada el vino y desglase, moviendo para raspar los pequeños pedacitos del fondo de la charola. Deje que hierva y cocine cerca de 4 minutos, hasta que el líquido se reduzca a la mitad. Sazone al gusto con sal y pimienta.

Rebane el cordero y sirva en platos individuales precalentados acompañando con la salsa.

*Nota: La silla de cordero es una buena sugerencia para ocasiones especiales o fiestas. Pida a su carnicero con anticipación.*

RINDE 6 PORCIONES

## HACIENDO MIGAS DE PAN

El pan sobrante es lo mejor para hacer migas de pan. Para esta receta, corte las cortezas de dos rebanadas de pan tipo francés del día anterior u otro tipo de pan blanco, despedace el pan en trozos y coloque en el procesador de alimentos. Pulse hasta obtener migas finas. Esto rinde para 1 taza (60 g/2 oz) de migas secas. Para pan fresco, deje que las rebanadas de pan se sequen a una temperatura de horno de 95°C (200°F) cerca de 1 hora. Rompa el pan en pedazos y coloque en un procesador de alimentos. Pulse hasta obtener migas finas. El pan ácido o integral también forma buenas migas.

1 silla de cordero de 2.25 a 3 kg (4½ a 6 lb) sin hueso ni grasa, amarrada

**Sal y pimienta recién molida**

PARA LAS MIGAS DE PAN SAZONADO:

**¾ taza (45 g/1½ oz) de migas de pan blanco fresco *(vea explicación a la izquierda)***

**¼ taza (10 g/⅓ oz) de perejil liso (italiano) fresco, finamente picado**

**2 chalotes, picados**

**1 diente de ajo, picado**

**4 cucharadas (60 g/2 oz) de mantequilla sin sal, derretida**

**½ taza (125 ml/4 fl oz) de vino tinto seco**

# PESCADOS Y MARISCOS

*Aun cuando hornear pescados y mariscos no es la técnica de cocina que venga primero a su mente, es una excelente forma de prepararlos. Cuando usted hornee rápido y a alta temperatura un bacalao fresco, un robalo, camarones u ostiones, logrará un suave y suculento resultado.*

# CAMARONES GIGANTES CON SALSA DE AGUACATE PICANTE

Para preparar la salsa de aguacate, mezcle los aguacates, jitomates, cebolla, chile, jugo de limón y sal en un procesador de alimentos y pulse hasta picar grueso. Pase con una cuchara a un tazón, cubra y reserve.

Precaliente el horno a 200ºC (400ºF). Prepare una charola de horno con papel aluminio y engrase el papel. Acomode los camarones en la charola preparada, barnice con la salsa picante y espolvoree con las semillas de comino.

Hornee los camarones, dándoles una vuelta, hasta que estén rosados y firmes al tacto, de 3 a 3½ minutos de cada lado. Acomode en platos individuales sobre hojas de lechuga. Ponga una cucharada de salsa de aguacate en cada platillo.

RINDE PARA 6 PORCIONES COMO ENTRADA

## PREPARANDO AGUACATES

Los aguacates son frutas tropicales apreciadas por su rica pulpa. Para preparar un aguacate, corte a la mitad a lo largo con un cuchillo filoso pequeño, cortando alrededor del hueso. Rote las mitades en direcciones opuestas para separarlas. Utilice una cuchara para levantar el hueso, o golpee el hueso cuidadosamente con el filo de un cuchillo filoso. El filo se introducirá en el hueso y así le permitirá jalarlo. Haga cortes en cruz para cortar la pulpa en trozos. Posteriormente saque la carne de su piel con una cuchara grande.

PARA LA SALSA DE AGUACATE:

2 aguacates maduros, en mitades, sin hueso y cortados en trozos *(vea explicación a la izquierda*

1 jitomate, sin piel (página 18), cortado en trozos

1 cebolla blanca, picada toscamente

1 chile jalapeño, sin semillas y finamente picado (página 30)

2 cucharadas de jugo de limón fresco

¼ cucharadita de sal

18 camarones gigantes (langostinos), sin piel y limpios

¼ taza (60 ml/2 fl oz) de salsa picante

Semillas de comino, para espolvorear

Hojas de lechuga, para acompañar

# OSTIONES AL HORNO CON CAVIAR

**Sal gruesa**

**24 ostiones grandes, abiertos en la mitad de su concha** *(vea explicación a la derecha)*

**6 cucharadas (90 g/3 oz) de mantequilla sin sal, derretida**

**El jugo de 2 limones**

**60 g (2 oz) de caviar, caviar de salmón y/o caviar de pescado blan**

Precaliente el horno a 230ºC (450ºF). Ponga suficiente sal gruesa en la base de un refractario para gratinar, lo suficientemente grande para sostener los ostiones (o use 2 refractarios) para tener una capa uniforme de 2.5 cm (1 in) de grueso.

Acomode los ostiones con sus conchas partidas a la mitad sobre la sal. Barnice los ostiones con la mantequilla derretida. Hornee los ostiones hasta que se calienten y se empiecen a encorvar, de 5 a 6 minutos. Retire del horno, salpique con el jugo de limón y coloque una cucharadita de caviar sobre cada ostión. Sirva los ostiones sobre su cama de sal.

*Nota: Una vez abiertos los ostiones son altamente perecederos, planee hornearlos inmediatamente.*

*Para Servir: Sirva los ostiones horneados con rebanadas delgadas de pan oscuro de centeno con mantequilla.*

RINDE PARA 6 PORCIONES COMO PRIMER PLATO

### ABRIENDO OSTIONES

Para abrir un ostión, tómelo con su mano no dominante con una toalla de cocina o un guante de red de metal, con la parte plana viendo hacia arriba. Deteniendo con su otra mano un cuchillo para ostiones, inserte la punta entre las conchas cerca de 12 mm (½ in) de la charnela. Déle vuelta al cuchillo para aflojar la parte de arriba de la concha. Corra el cuchillo con cuidado a lo largo de la parte superior del interior de la concha, golpeando el músculo que la mantiene unida. Tenga cuidado de no cortar el ostión ni derramar su líquido. Deseche la concha superior. Deslice el cuchillo por debajo del ostión, desprendiéndolo de la base de la concha.

# TRUCHA CON MIGAS DE HORSERADISH

Para hacer las migas de horseradish, coloque las migas de pan en un tazón con la mantequilla, horseradish y cebollín; mezcle hasta integrar.

Precaliente el horno a 230ºC (450ºF). Enjuague las truchas bajo el chorro del agua fría y seque con toallas de papel. Haga 3 cortes profundos diagonalmente por uno de los lados de las truchas. Barnice con la mayoría de la mantequilla derretida y espolvoree al gusto con sal y pimienta. Seleccione una charola de horno lo suficientemente grande para que quepan las truchas cómodamente, o use dos charolas. Barnice el fondo con la mantequilla derretida restante. Acomode las truchas, con los cortes hacia arriba en la(s) charola(s). Espolvoree con la mezcla de migas uniformemente presionando sobre los cortes.

Hornee las truchas hasta que estén ligeramente doradas y las hojuelas del pescado se desprendan con facilidad al presionar con un tenedor, de 15 a 20 minutos. Pase a un platón, decore con el cebollín y sirva de inmediato.

*Para Servir: Acompañe con los espárragos al horno (página 88).*

RINDE 6 PORCIONES

## HORSERADISH

El horseradish preparado con vinagre blanco se consigue fácilmente en frascos en la sección de refrigerados de los supermercados. Si usted encuentra la raíz fresca de horseradish, prepárelo usted mismo para esta receta. Pele la raíz, corte en rebanadas y haga puré en el procesador de alimentos. Añada vinagre blanco al gusto y procese hasta formar una pasta. Retire la tapa del procesador y aleje su cara para evitar el fuerte olor del horseradish. Con una cuchara coloque el horseradish en un recipiente con tapa y refrigere hasta que lo necesite.

**PARA LAS MIGAS DE HORSERADISH:**

**2 tazas (250 g/8 oz) de migas secas de pan blanco (página 70)**

**6 cucharadas (90 g/3 oz) de mantequilla sin sal, derretida**

**2 cucharadas de horseradish preparado** *(vea explicación a la izquierda)*

**2 cucharadas de cebollín fresco, picado**

**6 truchas arco iris pequeñas de 375 a 500 g (³/₄ a 1 lb) cada una, limpias, con cabeza y cola**

**De 1 a 2 cucharadas de mantequilla, derretida**

**Sal y pimienta recién molida**

**Cebollín, cortado a 7.5 cm (3 in) para decoración**

# HUACHINANGO CON HINOJO AL PERNOD

1 huachinango o robalo de 1.5 kg (3 lb) entero y limpio

3 ó 4 cucharadas de mantequilla sin sal, derretida

4 cucharaditas de estragón fresco o 2 cucharaditas del seco

3 dientes de ajo, picados

Sal y pimienta recién molida

3 bulbos de hinojo, recortados, sin corazón y finamente rebanados a lo largo, guardando las frondas para decorar

⅓ taza (80 ml/3 fl oz) de Pernod o al gusto

Rebanadas de limón, como guarnición

Precaliente el horno a 230ºC (450ºF). Enjuague el pescado bajo el chorro del agua fría y seque con toallas de papel. Haga 3 cortes profundos diagonalmente por uno de los lados del pescado. Barnice con 1 ó 2 cucharadas de la mantequilla derretida y espolvoree por dentro y por fuera con el estragón, ajo, sal y pimienta.

Seleccione una charola de horno gruesa, lo suficientemente grande para que quepa el pescado holgadamente, barnice el fondo con 1 cucharada de mantequilla derretida. Coloque el pescado en la charola, con los cortes hacia arriba. Acomode las rebanadas de hinojo alrededor del pescado. Rocíe el hinojo abundantemente con el resto de la mantequilla derretida y sazone al gusto con sal y pimienta.

Hornee hasta que las hojuelas del pescado se desprendan con facilidad al presionar con un tenedor, cerca de 20 minutos.

Pase el pescado a un platón precalentado, coloque alrededor el hinojo y salpique con el Pernod. Sirva caliente y acompañe con las rebanadas de limón y las frondas del hinojo.

RINDE 6 PORCIONES

### PERNOD

El Pernod es una marca de licor anisado, que acentúa agradablemente el sabor ligero del orozuz o regaliz que tiene el hinojo en este platillo. Es muy popular en Francia en donde se mezcla con agua y es servido como aperitivo. Como ingrediente de cocina, el Pernod complementa especialmente los platillos de pescados y mariscos. Usted puede sustituirlo con cualquier otro licor con sabor a anís como el pastis o el anisette.

# LONCHA DE HALIBUT A LA PIMIENTA

Precaliente el horno a 200ºC (400ºF). Enjuague las lonjas de pescado bajo el chorro del agua fría y seque con toallas de papel. Barnice con suficiente mantequilla derretida para cubrir bien. Espolvoree con la pimienta y presione para que la pimienta se adhiera bien al pescado. Ponga los jitomates y las hojas de albahaca en una charola de horno engrasada con mantequilla, lo suficientemente grande para que quepa el pescado holgadamente y coloque el pescado sobre los jitomates.

Hornee hasta que las hojuelas del pescado se desprendan con facilidad al presionar con un tenedor, de 8 a 10 minutos.

Con la ayuda de una espátula, pase las lonjas y los jitomates a platos individuales precalentados y sirva caliente.

*Para Servir: Sirva con fetuccini de espinacas a la mantequilla o fetuccini integral.*

RINDE 6 PORCIONES

**6 filetes de halibut de 2 cm (¾ in) de grueso cada uno**

**2 ó 3 cucharadas de mantequilla sin sal, derretida**

**1 cucharadita de pimienta negra en grano, machacada al gusto**

**2 jitomates grandes, en rebanadas**

**¼ taza (7 g/¼ oz) de hojas de albahaca fresca**

## GRANOS DE PIMIENTA

Para lograr el mejor sabor, siempre amartaje o machaque las pimientas justo antes de usarlas. Para este platillo amartaje granos enteros de pimienta negra en un mortero con su mano. Para darle a estas lonjas una presentación colorida y un interesante cambio de sabor, use una combinación de pimientas negras, verdes, blancas e incluso rosas. La pimienta negra es la más picante de las cuatro. La pimienta verde es la pimienta negra inmadura que se conserva en salmuera y la pimienta blanca son los granos negros a los que se les ha quitado la capa exterior. La pimienta rosa es la mora de un tipo de planta de rosa.

# PESCADO AZUL CON MANTEQUILLA DE JITOMATE

**3 chalotes picados**

**1 cucharada de puré de
tomate**

**¾ taza (185 g/6 oz)
mantequilla sin sal,
cortada en piezas de 2.5
cm (1 in) a temperatura
ambiente**

**6 filetes de pescado azul,
bacalao o macarela de
185 g (6 oz) cada uno**

**De 1½ a 2 cucharadas de
aceite de oliva**

**¼ taza (60 ml/2 fl oz) de
jugo de limón fresco**

**2 cucharaditas de orégano
fresco picado, más unas
ramas para decorar**

**Sal y pimienta recién
molida**

Para preparar la mantequilla de jitomate, en un procesador de alimentos mezcle los chalotes, puré de tomate y trozos de mantequilla (reservando algunos trozos para el momento de servir) y procese hasta que se integren. Con una cuchara pase a un tazón pequeño la mantequilla sazonada. Cubra y reserve.

Precaliente el horno a 200ºC (400ºF). Enjuague el pescado bajo el chorro del agua fría y seque con toallas de papel. Escoja una charola de horno lo suficientemente grande para que quepa el pescado holgadamente. Barnice la charola con 1 cucharada del aceite de oliva y ponga el pescado en la charola. Barnice generosamente con el aceite restante. Espolvoree uniformemente con el jugo de limón, orégano y sal y pimienta al gusto.

Hornee hasta que las hojuelas del pescado se desprendan con facilidad al presionar con un tenedor, de 8 a 10 minutos.

Acomode el pescado en platos individuales precalentados, decore con ramas de orégano y un trozo de mantequilla de jitomate y sirva caliente.

*Para Servir: Acompañe el pescado con jitomates cereza al horno
(página 91).*

RINDE 6 PORCIONES

PESCADO AZUL

El festivo pescado azul se encuentra a lo largo de la costa de Maine, en Estados Unidos. Se le llama el "bulldog del océano" porque persigue a la macarela cerca de la playa. El pescado azul tiene una carne muy suave y un distintivo sabor delicado. Puede pesar entre 1.5 y 5 kg (3 a 10 lb) y su carne oscura y grasosa se aclara mientras se cocina. La macarela es un buen sustituto.

# VERDURAS Y FRUTAS

*Hornear tendrá un maravilloso efecto en las verduras. Cuando se barniza con mantequilla y aceite y se introduce en el horno, los ejotes y los espárragos tienden a volverse suaves y dulces. Al hornear frutas como manzanas y ciruelas, el contraste de los exteriores caramelizados con la suavidad del interior demuestra que el horneado puede resaltar lo mejor del dulzor así como el sabor de los ingredientes.*

# ESPÁRRAGOS CON PROSCIUTTO

Precaliente el horno a 200ºC (400ºF). Acomode los espárragos en una charola de horno aceitada poco profunda lo suficientemente grande para que quepan cómodamente. Rocíe los espárragos con aceite de oliva y voltee los tallos hasta cubrir. Envuelva cada tallo con prosciutto y después espolvoree con pimienta al gusto.

Hornee los espárragos, volteando una vez con pinzas, hasta que estén suaves y crujientes, cerca de 15 minutos.

Acomode los espárragos en un platón precalentado y adorne con la ralladura de limón. Sirva calientes o tibios.

RINDE 6 PORCIONES

**18 ó 20 espárragos enteros gruesos, cortados y sin piel** *(vea explicación a la izquierda)*

**Aceite de oliva extra-virgen, para barnizar**

**9 ó 10 rebanadas muy delgadas de prosciutto, cortadas a la mitad a lo largo**

**Pimienta recién molida**

**1 cucharada de ralladura de limón**

## PREPARANDO ESPÁRRAGOS

Hornear es una excelente forma de resaltar el sabor único y delicioso de los espárragos. Para preparar los espárragos doble suavemente los tallos en su parte inferior hasta retirar la parte dura. Para tallos gruesos, pele con un pelador de verdura hasta 5 cm (2 in) de la parte de arriba. Esto les ayuda a cocerse más uniformemente y los hace más suaves.

# JITOMATES CEREZA AL HORNO

750 g (1½ lb) de jitomates cereza

1 taza (60 g/ 2 oz) de migas de pan fresco integral de trigo (wholemeal) (página 70)

1 cucharada de albahaca fresca, rebanada finamente, más hojas enteras para decorar

2 dientes de ajo, picados

Sal y pimienta recién molida

250 g (½ lb) de queso mozzarella de preferencia de búfala *(vea explicación a la derecha)*, sin líquido y cortado en rebanadas de 6 mm (¼ in)

Precaliente el horno a 200ºC (400ºF). Elija una charola de horno lo suficientemente grande para que quepan los jitomates cómodamente. Prepare la charola con papel aluminio y aceite el papel.

Corte los jitomates a la mitad y acomode en una sola capa con el corte hacia arriba en la charola preparada. En un tazón pequeño, mezcle las migas de pan, la albahaca rebanada, ajo y sal y pimienta al gusto. Espolvoree la mezcla de las migas sobre los jitomates.

Hornee los jitomates hasta que estén suaves y empiecen a encogerse en las orillas, cerca de 15 minutos. Pase los jitomates a un platón precalentado o a un tazón poco profundo y acomode las rebanadas de queso alrededor de ellos. Decore con las hojas de albahaca y sirva.

RINDE 6 PORCIONES

MOZZARELLA DE BÚFALA

En Italia el queso mozzarella está hecho tradicionalmente con la leche de búfalas de agua. El mozzarella de leche de vaca es más común en todas partes y por lo tanto se ha difundido también en Italia. El mozzarella fresco de búfala tiene un sabor más ácido que su contraparte de leche de vaca y por lo tanto es más caro. Si lo encuentra pruébelo en esta receta. El mozzarella fresco es muy perecedero. Almacene en su líquido en la repisa más baja de su refrigerador y sírvalo uno o dos días después de haberlo comprado.

# EJOTES Y CEBOLLAS

TZATZIKI
Esta salsa griega de ajo,
yogurt y pepino es un
complemento sabroso para
los suaves ejotes verdes; y
también puede usarse para
sumergir pan árabe o para
acompañar brochetas. Sale
ligeramente y escurra en una
coladera 1 taza (155 g/5 oz)
de pepino sin piel ni semillas
y finamente picado por 30
minutos. En un tazón mezcle
el pepino escurrido con
1 taza (250 g/ 8 oz) de yogurt
simple y 2 cucharaditas de
ajo picado. Para una salsa
más espesa, escurra en una
coladera forrada con doble
muselina (manta de cielo) por
lo menos 3 horas o por toda
la noche en el refrigerador.

Precaliente el horno a 220°C (425°F). Ponga a hervir agua en una olla grande a tres cuartas partes de su capacidad. Añada una pizca de sal y los ejotes. Cocine los ejotes hasta que estén verdes brillantes y tiernos, de 1 a 2 minutos. El tiempo dependerá de la madurez y tamaño de los ejotes. Escurra los ejotes y sumerja en un tazón de agua con hielo para detener el cocimiento. Escurra y reserve.

Mezcle la cebolla con los jitomates en un refractario grueso. Añada los ejotes, orégano y sal y pimienta al gusto. Rocíe con el aceite de oliva sobre las verduras y mezcle para cubrir.

Cubra con papel aluminio y hornee hasta que los ejotes estén suaves y crujientes, cerca de 20 minutos. Descubra el platillo y continúe horneando hasta que estén tiernos, de 15 a 20 minutos más (para un tiempo total de horneado de 35 a 40 minutos). Mezcle los ejotes 3 ó 4 veces durante el horneado. Pruebe y ajuste la sazón.

Pase la mezcla de ejotes a un tazón de servicio o platón y sirva caliente o a temperatura ambiente, adornando con una cucharada de tzatziki si lo desea.

*Variación: En vez de servir este platillo con tzatziki, acompañe los ejotes y cebollas con alcaparras.*

RINDE DE 6 A 8 PORCIONES

Sal y pimienta recién molida

1 kg (2 lb) de ejotes verdes, limpios

1 cebolla blanca grande, picada

3 jitomates grandes, picados

4 cucharaditas de orégano fresco o 2 cucharaditas de seco

¼ taza (60 ml/2 fl oz) de aceite de oliva extra-virgen

Tzatziki, para acompañar *(vea explicación a la izquierda)* (opcional)

# RADICCHIO Y ENDIBIAS AL HORNO

3 cabezas de radicchio de Verona, partidas a la mitad a lo largo

3 endibias belgas, partidas a la mitad a lo largo

6 cucharadas (90 g/3 oz) de mantequilla sin sal, derretida

Sal y pimienta recién molida

2 cucharadas de cebollín fresco picado, más extra para decorar

½ taza (75 g/2½ oz) de queso de cabra fresco, desmoronado

Coloque la rejilla en el tercio más bajo del horno y precaliente a 200ºC (400ºF).

Coloque el radicchio y las endibias en una charola para hornear lo suficientemente grande para que las contenga holgadamente, en una sola capa. Ponga la mantequilla derretida sobre las hojas y voltee hasta cubrir. Sazone con sal y pimienta al gusto y espolvoree con 2 cucharadas de cebollín.

Hornee el radicchio y las endibias por 10 minutos. Retire la charola del horno y con la ayuda de 2 cucharas voltee. Regrese la charola al horno y continúe horneando hasta que se suavicen, cerca de 10 minutos más, para un total de horneado de 20 minutos.

Acomode una mitad de radicchio y una mitad de endibia en cada plato, espolvoree con el queso de cabra y decore con el cebollín. Sirva de inmediato.

RINDE 6 PORCIONES

## LA FAMILIA DE LAS CHICORIAS

El radicchio y la endibia belga son tipos de chicorias, una familia de vegetales. Hoy en día se consiguen dos tipos de radicchio. El *radicchio di Verona*, redondo con hojas moradas rojizas sobre tallos cremosos blancos, es el más común, mientras que el *radicchio de Traviso* tiene hojas verdes largas y angostas con puntas rojas. Las endibias belgas son cuidadosamente cultivadas para producir pequeñas y angostas hojas blancas con puntas amarillas o algunas veces rosadas. El horneado derrite agradablemente lo amargo de estos vegetales. Las endibias y el radicchio están en su mejor momento en el otoño y el invierno, cuando el clima frío resalta su dulzura.

# BETABELES AL HORNO CON ENSALADA VERDE AL BALSÁMICO

Precaliente el horno a 200°C (400°F). Retire las partes verdes de los betabeles y deje 2.5 cm (1 in) de sus tallos y sus colas intactas. Enjuague y reserve las partes verdes. Talle los betabeles, teniendo cuidado de no romper su piel. Barnice los betabeles con aceite de oliva, después envuelva en papel aluminio y acomode en una sola capa en una charola de horno.

Hornee los betabeles cerca de 1 hora, dependiendo de su tamaño, hasta que se puedan picar suavemente con un cuchillo filoso.

Mientras tanto, prepare las partes verdes de los betabeles. Utilizando un cuchillo filoso pequeño, corte y deseche los tallos gruesos. Ponga a hervir agua en una olla a tres cuartas partes de su capacidad y añada una pizca de sal y las partes verdes. Hierva hasta que se marchiten, cerca de 30 segundos. Escurra y deje enfriar. Corte las hojas en tiras y coloque en un tazón. Mezcle con el vinagre, las 3 cucharadas de aceite de oliva y sal y pimienta al gusto.

Retire los betabeles del horno y deje enfriar. Pele los betabeles y corte en rebanadas de 6 mm (¼ in) de grueso. Coloque los betabeles en un tazón y mezcle con la cebolla rebanada. Sazone al gusto con sal y pimienta. Sirva a temperatura ambiente, adornando alrededor con las hojas. Acompañe con la crema ácida.

*Para Servir: Este platillo es excelente servido junto con puré de papa con ajo al horno.*

RINDE 6 PORCIONES COMO GUARNICIÓN

2 manojos de betabeles medianos, incluyendo sus partes verdes

3 cucharadas de aceite extra-virgen, más el necesario para cubrir

Sal y pimienta recién molida

3 cucharadas de vinagre balsámico

1 cebolla morada grande, rebanada

1 taza (250 g/8 oz) de crema ácida

## PREPARANDO BETABELES

Hornear los betabeles es la mejor manera de sacar su dulzura sin quitar su color y sabor. Al dejar 2.5 cm (1 in) de su tallo en los betabeles les permitirá mantener su jugo. Cuando rebane betabeles cocidos, tenga cuidado porque pintarán de un color rojo brillante cualquier cosa que toquen, tablas de picado, ropa y dedos de la mano. Las partes verdes de los betabeles son altamente nutritivas, proveen calcio, potasio, vitamina C, vitamina A y ácido fólico.

# VEGETALES DE OTOÑO AL HORNO

8 cucharadas (125 g/4 oz) de mantequilla sin sal, derretida

2 camotes dulces grandes, tallados, sin piel y cortados en rodajas de 12 mm (½ in) de grueso

4 zanahorias grandes, sin piel y rebanadas grueso diagonalmente

4 pastinacas grandes, sin piel y rebanadas en rodajas de 12 mm (½ in) de grueso

3 cucharadas de miel de abeja de flores silvestres

Sal y pimienta recién molida

3 cucharadas de jugo de limón fresco

½ taza (90 g/3 oz) de uvas pasas doradas (sultanas)

Precaliente el horno a 220ºC (425ºF). Barnice con 2 cucharadas de mantequilla derretida una charola de horno lo suficientemente grande para que quepan las verduras holgadamente. Acomode los camotes, zanahorias y pastinacas en la charola preparada. Mezcle las verduras con las 6 cucharadas (90 ml/3 fl oz) de mantequilla derretida, después rocíe con la miel. Espolvoree la sal y la pimienta al gusto, el jugo de limón y las sultanas.

Hornee las verduras, volteando dos veces, hasta que estén suaves, cerca de 1 hora.

Utilizando 2 cucharas grandes, pase las verduras a un platón precalentado. Sirva caliente.

*Para Servir: Si lo desea, antes de servir las verduras horneadas, mezcle con una cuchara de madera machacándolas para lograr una guarnición casera reconfortante.*

RINDE 8 PORCIONES

PASTINACA
La primera helada vuelve las pastinacas dulces, por lo que estas raíces cremosas coloreadas están en su mejor momento a fines del otoño y principios del invierno. Son excelentes para hornear. Ponga las pastinacas en una charola de horno junto con otros tubérculos cuando usted cocine carne o pollo. Para preparar pastinaca (y otros tubérculos), pele con un pelador de verduras, después corte en rebanadas gruesas. Como las papas, las pastinacas empiezan a despintarse enseguida que han sido rebanadas si no se les salpica con algún ingrediente ácido como el jugo de limón.

# MIGAS DE MANZANA AL HORNO

Precaliente el horno a 200ºC (400ºF). Mezcle las manzanas con el azúcar granulada, canela y nuez moscada. Coloque las manzanas en una charola de horno lo suficientemente grande para que quepan cómodamente.

Hornee, volteando dos veces, hasta que estén suaves al picarlas con un tenedor, cerca de 1 hora. Escurra las manzanas reservando el líquido. Deje enfriar. En un procesador de alimentos, haga puré las manzanas, añadiendo el suficiente líquido que reservó para hacer una salsa de manzana espesa.

Reduzca la temperatura del horno a 190ºC (375ºF). Mezcle las migas de pan con la mantequilla derretida. Espolvoree la mitad de las migas sobre el fondo de un refractario cuadrado de 20 cm (8 in). Vierta la salsa de manzana sobre las migas y espolvoréelas con el resto de las migas. Hornee por 20 minutos.

Para servir, con una cuchara sirva en platos poco profundos y cubra con la mantequilla al brandy.

RINDE DE 6 A 8 PORCIONES

## MANTEQUILLA AL BRANDY

La mantequilla al brandy (Hard Sauce) es el tradicional acompañamiento para el pudín de ciruela que también acompaña cualquier postre sano de otoño o invierno. Para hacer la mantequilla al brandy, mezcle ½ taza (125 g/4 oz) de mantequilla sin sal a temperatura ambiente con 1 taza (60 g/2 oz) de azúcar glass cernido, 1 cucharada de ron oscuro o brandy o 1 cucharadita de extracto de vainilla (esencia) y ⅛ de cucharadita de nuez moscada recién molida. Mezcle bien hasta integrar, si lo desea, enfríe antes de servir.

1.25 kg (2½ lb) de manzanas Golden Delicious o Granny Smith, sin piel, descorazonadas y cortadas en rebanadas de 6 mm (¼ in) de grueso

¼ taza (185 g/6 oz) de azúcar granulado

1 cucharadita de canela molida

¼ cucharadita de nuez moscada, recién molida

2 tazas (250 g/8 oz) de migas de pan seco (página 70) o galletas graham o Marías molidas

4 cucharadas (60 g/2 oz) de mantequilla sin sal, derretida

Mantequilla al brandy *(vea explicación a la izquierda)*, helado de vainilla o crema batida para acompañar

# CIRUELAS CON JENGIBRE CRISTALIZADO

**1 kg (2 lb) de ciruelas oscuras y maduras, sin hueso y en cuartos**

**⅓ taza (60 g/2 oz) de jengibre cristalizado (vea explicación a la derecha), finamente picado**

**½ taza (60 g/1½ oz) de hojuelas de avena estilo antiguo**

**½ taza (125 g/4 oz) de azúcar**

**6 cucharadas (90 g/3 oz) de mantequilla sin sal, a temperatura ambiente**

**¼ taza (45 g/1½ oz) de harina simple**

**Helado de vainilla, para acompañar**

Precaliente el horno a 200ºC (400ºF). Ponga las ciruelas en un refractario cuadrado poco profundo de 20 cm (8 in), engrasado con mantequilla, lo suficientemente grande para que quepan cómodamente. Mezcle las ciruelas con el jengibre cristalizado. Reserve.

En un procesador de alimentos, mezcle las hojuelas con el azúcar, mantequilla y harina. Pulse por varios segundos hasta que esté picada toscamente. La mezcla permanecerá unida. Espolvoree la mezcla de avena uniformemente sobre las ciruelas.

Hornee, hasta que las ciruelas burbujeen y se doren por encima, cerca de 30 minutos.

Coloque el helado en tazones para postre y cubra con cucharadas de las ciruelas calientes.

RINDE DE 6 A 8 PORCIONES

## JENGIBRE CRISTALIZADO

Usted puede comprar jengibre cristalizado en los supermercados o hacerlo usted mismo en casa. Para hacerlo en casa, ponga a hervir 1½ taza (375 ml/12 fl oz) de agua. Integre ½ taza (125 g/ 4 oz) de azúcar hasta disolver. Cocine sobre fuego medio por 5 minutos; añada 1 taza (125 g/4 oz) de jengibre fresco finamente rebanado (3 mm/⅛ in). Reduzca el calor a bajo y cocine hasta suavizar, cerca de 10 minutos. Escurra y coloque el jengibre en un tazón con ½ taza (125 g/4 oz) de azúcar mezcle hasta cubrir. Extienda en una sola capa y deje enfriar. Almacene en un frasco tapado hasta por 3 semanas.

# TEMAS BÁSICOS PARA EL HORNEADO

*El hornear no se limita al cocimiento de un pavo o una carne para una cena especial. Muchos otros alimentos también se pueden asar al horno, incluyendo una amplia variedad de carnes, aves, pescados y mariscos así como una cantidad considerable de frutas y verduras. Y, como la preparación para asar en el horno es mínima, ya sea amarrado, picado, sazonado, relleno o marinado, una vez que la comida está en el horno, su trabajo queda prácticamente terminado. Las deliciosas cortezas doradas y los suaves interiores, le inspirarán a utilizar este tipo de cocimiento durante todo el año.*

## ASANDO AL HORNO

El asado al horno es uno de los más antiguos y sencillos métodos de cocina. Aunque también se usa la antigua práctica para cocinar alimentos a fuego abierto en un asador o espetón, hoy en día el término asar se refiere a cocinar en una charola sin tapar con ayuda del calor seco del horno.

El asado al horno funciona bien para los cortes suaves con su interior marmoleado de grasa, para aves con toda su piel y para los mariscos cuya carne magra debe cocerse lo suficientemente rápido para que no se seque en el horno. Los cortes de carne más duros como la espaldilla y la falda es mejor reservarlos para otros métodos culinarios que utilizan más humedad como los

guisados o braseados. Algunas verduras y frutas como las papas y otros tubérculos, manzanas y peras, también pueden ser horneados.

Una de las cualidades más atractivas de los alimentos horneados es su bella y deliciosa cubierta crujiente y dorada que se logra en el horno. El contacto con el calor hace que los azúcares y las proteínas de los alimentos formen compuestos similares al caramelo, haciendo una cubierta sabrosa. Al mismo tiempo, la temperatura estable del horno penetra lentamente en el centro de los alimentos y los mantiene jugosos. Este irresistible encuentro del crujiente caramelizado con el suave interior hace del horneado el método favorito de la cocina.

## EQUIPO

Es indispensable una charola de horno para cocinar cortes grandes de carne o pollo. Sus paredes bajas permiten que el calor del horno llegue a una gran porción de la superficie de los alimentos, mientras que se pueden guardar los jugos que salen durante el horneado. Escoja una charola gruesa de acero inoxidable, aluminio o acero esmaltado para asegurar el calor estable y mantener en el fondo los escurrimientos de la comida sin quemarse. Aunque una charola antiadherente hace su limpieza más sencilla, una superficie regular permitirá que se

adhieran más pedacitos en la charola y se doren durante el horneado, contribuyendo para preparar más tarde una deliciosa salsa o gravy. Muchos otros utensilios de cocina se pueden usar para hornear, incluyendo ollas de vidrio, porcelana refractaria, cerámica refractaria e incluso las charolas para hornear con borde. Elija una charola u olla en la que pueda colocar los alimentos dejando suficiente espacio alrededor de ellos para que el calor circule libremente y le permita retirar los jugos de la base cómodamente. Si usa una olla para hornear que no sea de metal y la receta le pide que pase a la parte superior de la estufa, asegúrese de que ésta sea a prueba de flamas.

Al colocar los alimentos para ser horneados en una rejilla metálica se evita que éstos se peguen y que se guisen en su propio jugo. También ayuda a producir jugos claros que dan mejor sabor a las salsas y gravys. Usted puede utilizar un molde de pay invertido para apoyar el alimento horneado en un tensor. Pero lo mejor es usar una rejilla de horneado con forma en V, la cual eleva los alimentos al mismo tiempo que dora la mayor superficie. Una rejilla también ayuda a retirar los alimentos horneados de la sartén más fácilmente. Si no utiliza la rejilla, desprenda la carne o el pollo después de 20 minutos de horneado para despegarlo de la sartén.

## PREPARÁNDOSE
## PARA ASAR AL HORNO

La mayoría del trabajo necesario para asar al horno se lleva a cabo antes del cocimiento real. La carne y las aves a menudo necesitan limpiarse y prepararse y de seguro querrá agregarles sabor con hierbas, especias y otros ingredientes. Pero una vez que los alimentos estén dentro del horno, únicamente tendrá que bañarlos (o algunas veces voltearlos) de vez en cuando, dejándole tiempo libre para hacer otras tareas o para estar con sus invitados, mientras gozan de deliciosos aromas y esperan los suaves resultados.

### ENJUAGANDO

Debido a que bacterias desagradables, o incluso algunas veces hasta peligrosas, habitan sobre las carnes, aves y mariscos, es recomendable enjuagar esos alimentos antes de asarlos al horno. Antes que nada, retire las vísceras de la cavidad de las aves enteras. Enjuague la carne, aves o pescados y mariscos bajo el chorro de agua fría (para aves o pescados enteros, también enjuague la cavidad), seque con toallas de papel.

### LIMPIANDO

La carne como las costillas y los trozos para asados por lo general ya vienen limpios de grasa, pero quizás tenga que limpiarlos aún más. La grasa se suelta durante el cocimiento y puede quemarse, mientras que las membranas se encogen y pueden hacer que la carne se enchine. Recorte la grasa en una

capa de 3 mm (⅛ in), y use la punta de un cuchillo filoso para cortar las membranas en intervalos de 2.5 cm (1 in) alrededor de la carne.

### AMARRANDO

Aunque no es una parte esencial, amarrar las aves les da una forma más agradable y les ayuda a proteger los muslos y las puntas de las alas para que no se quemen. Use hilo grueso de lino para cocina, si fuera posible, ya que es menos probable que se queme en el horno que el hilo de algodón. Para amarrar un ave entera, colóquela sobre una superficie de trabajo con su pechuga hacia arriba. Acomode cada punta de ala bajo la segunda articulación del ala para mantenerla fija, y coloque lo más que pueda de las alas bajo el cuerpo. (Debe de hacer esto incluso cuando no planee amarrar el resto del ave.) Para asegurar los muslos, corte un trozo de hilo de 30 a 35 cm (12 a 14 in). Coloque el ave en una charola para asar y cruce los muslos. Enrolle el cordón alrededor de los muslos y amarre las puntas tensamente.

Para cocinar aves durante más tiempo, como un pavo entero, jale la piel de la pechuga sobre el cuello abriendo y colocándolo en su lugar con ayuda de hilo y aguja, palillos de dientes o pinzas pequeñas de metal para aves. Esto ayudará a mantener el ave húmeda.

Los filetes enteros de res, puerco o cordero se asan más uniformemente cuando se amarran. Los asados sin hueso también

se amarran para darles una forma más uniforme y atractiva y para trincharlos más fácilmente. Por lo general el carnicero habrá amarrado el trozo de carne antes de vendérselo. Si no lo hizo, doble las puntas delgadas por debajo del trozo de carne y amárrelas con cordón de cocina. Continúe amarrando el cordón alrededor del trozo de carne en intervalos de 5 a 7.5 cm (2–3 in).

Los filetes de pescado no necesitan amarrarse, pero debe colocar la punta delgada bajo el resto del filete para evitar que ésta se seque antes de que se cocine el filete.

### AGREGANDO SABOR

La forma más común de dar sabor a un asado es marinarlo. Mezclas de sazonadores, conocidos como untos o marinadas frías, se frotan directamente sobre la superficie de los alimentos. Las marinadas húmedas agregan humedad al mismo tiempo que dan sabor, y pueden ayudar a suavizar la carne o aves cuando incluyen algún líquido ácido como vino o jugo de fruta (vea la página 54).

Por conveniencia, coloque la marinada y los alimentos en una bolsa de plástico grande con cierre hermético para congelar alimentos. Saque el aire, selle, coloque en un tazón (por si escurriera) y refrigere. Voltee la bolsa de vez en cuando para asegurarse de que se marine uniformemente.

La piel de las aves se puede soltar desde el cuello y poner hierbas frescas por debajo de la piel sobre la pechuga para agregarles sabor. También se pueden colocar ramas de hierbas, limones, cebollas y otras verduras en las cavidades de las aves. Otra forma de agregar sabor es insertando lajas de ajo en la carne antes de asarla.

## ENVOLVIENDO

Amarrar rebanadas de tocino o láminas delgadas de puerco sobre un trozo de carne para asar, es una técnica llamada envolver, que evita que se sequen los cortes de carne limpios y la carne de la pechuga magra de las aves mientras se asan en el horno. Después de cocinar, se retira la grasa y por lo general se desecha.

## RELLENANDO

Puede usar mezclas de pan desmenuzado, migas de pan o galletas, granos, fruta seca o fresca, nueces, carne molida y muchos otros ingredientes para rellenar las cavidades de las aves o para colocar entre los trozos delgados de carne, aves o verduras. Aunque antes se creía que el relleno ayudaba a darle sabor a un trozo de carne o ave relleno, en realidad es el relleno el que se beneficia del sabor principal. Absorbe los jugos de los alimentos asados, obteniendo más humedad y sabor que si hornea el relleno por separado.

## BAÑANDO

Una de las tareas más importantes que debe tener presente al asar en el horno es bañar con regularidad. Mientras los alimentos se asan en el horno, saque la rejilla del horno y barnice o bañe regularmente con los líquidos de escurrimiento, marinada o el glaseado. Esto agrega color, hace que se forme una costra más fácilmente y evita que los alimentos se sequen durante el asado.

Los líquidos para barnizar a menudo son los jugos acumulados en la charola, pero también pueden ser mantequilla derretida, con algún saborizante o sin él, o diferentes mezclas con base en agua, caldo, vino o cerveza. Todos ellos agregan sabor y aquellos que contienen azúcar o proteína, en forma de mantequilla, miel de maíz, miel de abeja, compotas, caldo o consomé, vino y cerveza, promueven más el dorado. Sin embargo, demasiado azúcar puede quemar los alimentos, por lo que debe tener cuidado. Los líquidos también deben incluir grasa, la cual resalta el sabor.

Si baña con una marinada sobrante de carne o ave, deje de usarla por lo menos 10 minutos antes del final del cocimiento, para dejar cocer el tiempo suficiente y permitir que el calor mate cualquier bacteria que haya sido introducida al remojar una brocha usada sobre la carne cruda y metida nuevamente en la marinada. Si quiere usar una marinada como salsa, primero hierva la marinada y cocine por un minuto entero.

## TIEMPO DE ASADO AL HORNO

Por lo general, entre más tiempo se ase algún alimento, la temperatura del horno será más baja. Algunos trozos grandes de alimentos, como un pollo entero, empiezan a asarse a una temperatura más alta para dorar y caramelizar su superficie y después se terminan de asar a una temperatura menor.

Empiece con alimentos que estén lo más cerca de la temperatura ambiente. Retírelos del refrigerador ligeramente antes de que vaya a encender el horno para precalentarlo. Esto retira un poco del frío, para que la superficie no se cocine demasiado, antes de que el centro esté cocido. Sin embargo, si le interesa su seguridad, le recomendamos que no deje carne cruda o aves fuera del refrigerador durante más de 2 horas, menos aún en clima cálido.

Los asados más grandes se cuecen mejor de 165º a 180ºC (325º-350ºF) para evitar que el exterior del asado se sobre cueza antes de que el centro esté cocido. Si el asado no está tan dorado como debería estarlo cuando prácticamente se haya cocido, eleve la temperatura a 200ºC (400ºF) durante los últimos minutos del cocimiento. Los asados menores, incluyendo las chuletas de res, salen mejor si se asan rápidamente a temperatura alta. Permanecen en el horno poco tiempo y necesitan el calor más alto para dorarse.

Aunque por lo general es mejor usar un ave entera para asar aves al horno, también puede asar piezas más pequeñas como la pechuga o los muslos. Incluso si usted prefiere retirar la piel antes de comer para reducir la grasa, deje la piel mientras asa al horno. La grasa de la piel ayudará a cubrir al ave y a mantenerla húmeda y no le agregará mucha grasa.

Para voltear los alimentos use unas pinzas y para los alimentos más pequeños, una cuchara grande. Evite usar un tenedor para voltear los alimentos; picará la piel y hará que se le salga el líquido. Para voltear un pavo se necesita tener mucho cuidado. Retire la charola del horno y voltee el ave con cuidado, agarrándolo con toallas de cocina para prevenir que el pavo se le resbale.

## TÉRMINO DE COCCIÓN

Aunque marinar, cubrir con aceite o mantequilla, o bañar le ayuda a mantener húmeda la superficie de un asado, no habrá nada que mantenga el centro húmedo si se hornea demasiado.

Existen algunas claves de tacto que puede usar cuando revise alimentos asados al horno para checar el término de cocción. Las aves enteras tradicionalmente se revisan picando un muslo para ver si los jugos que salen son claros y que no haya huella de color rosa o rojo. Con la experiencia, podrá evaluar el grado de cocimiento de la carne al presionar con la yema de su dedo y sentir la resistencia. Entre más resistente esté, estará más cocido.

Sin embargo, la mejor forma de juzgar la temperatura interna de un asado con exactitud es con un termómetro de lectura instantánea, un utensilio que se puede encontrar con facilidad en las tiendas de utensilios de cocina. En el momento en que su asado ya pueda estar listo, inserte el termómetro en la parte más gruesa, asegurándose de que no toque el hueso. (El hueso conduce el calor y puede alterar la lectura.) Para las aves, el termómetro debe insertarse en la parte más gruesa del muslo. En unos cuantos segundos, el termómetro registrará la temperatura. Si necesita asar durante más tiempo, retire el termómetro y vuelva a revisar de 5 a 15 minutos más tarde; el tiempo dependerá de qué tanto deberá aumentar la temperatura interna.

Las temperaturas de cocción serán diferentes dependiendo de los alimentos. El Servicio de Inocuidad e Inspección de los Alimentos de los Estados Unidos sugiere una temperatura mínima de 71ºC (160ºF) para la carne y aves cocidas. Se necesita esta temperatura para destruir todas las bacterias dañinas. Si usted está embarazada, es de edad avanzada, tiene un sistema inmunológico débil, está cocinando para personas de edad avanzada o niños pequeños, o quiere reducir el riesgo a exponerlos a alguna bacteria, quizás quiera cumplir con esta regla. Sin embargo, muchas personas prefieren cocinar carne a una temperatura más baja para obtener una carne más jugosa y llena de sabor. Las temperaturas que mostramos a continuación muestran una buena guía.

### CARNE

Para juzgar el término de cocción de una carne asada al horno con un termómetro de lectura instantánea, tenga presentes las siguientes temperaturas. Para carne de res, busque los 52ºC (125ºF) para término rojo y 54ºC (125ºF) para medio-rojo. Si cuece la carne de res más se secará y se hará dura. El puerco debe alcanzar de 68º a 71ºC (155º-160ºF). Cuando ase cordero, los 52ºC (125ºF) indican término rosa-rojo y 54ºC (130ºF) medio-rojo. Para el venado busque los 52ºC (125ºF) para rojo. Cuando ase cordero y venado no cocine más de término medio-rojo, u obtendrá una carne seca y fibrosa. Las carnes molidas son más susceptibles a contaminarse porque la mayor parte de bacterias viven sobre la superficie de la carne y al molerla esas bacterias entran a la carne. Para más seguridad, la carne molida deberá cocinarse a 71ºC (160ºF).

### AVES

Para el pollo asado al horno, permita que la temperatura de la parte más gruesa del muslo alcance los 77ºC (170ºF). Las pechugas de pavo deben registrar 74ºC (165ºF) y los muslos de pavo los 82ºC (180ºF). Para el pato permita que la temperatura alcance los 82ºC (180ºF) en la parte más gruesa del muslo. Cuando ase ganso, la pechuga deberá registrar de 80º a 82ºC (175º-180ºF).

### PESCADO

El pescado estará cocido cuando su carne esté firme y opaca. Pique o corte suavemente en la superficie del pescado con la punta de un cuchillo o tenedor. Las secciones escamosas deberán separarse fácilmente, pero la carne aún deberá verse húmeda. Una regla antigua dice que el pescado debe cocerse 10 minutos por cada 2.5 cm (1 in) de grosor. Siempre recuerde que es fácil cocer demasiado tiempo los pescados, y empiece a revisar su término de cocimiento lo más pronto posible.

## REPOSANDO

Mantenga siempre presente que la temperatura interna de un alimento asado al horno continuará elevándose de 2º a 4ºC (5º-10ºF) después de haberlo sacado del horno.

Antes de trinchar un asado de carne o ave, éste se beneficiará si se deja reposar a temperatura ambiente de 5 a 10 minutos después de haberlo sacado del horno. Esto hace que sus jugos tengan tiempo para reposar en la carne y que se estabilice la temperatura interna. Si se coloca un trozo de papel aluminio sobre el asado terminado éste se mantendrá caliente mientras reposa, pero tenga presente que esto hará que la piel humee ligeramente.

## TRINCHANDO

Un tenedor de dos dientes largos para detener el asado y un cuchillo filoso de buena calidad facilitan el trinchado. Algunos cuchillos son más adecuados que otros para algunos asados. Un cuchillo con una cuchilla larga, flexible pero resistente es mejor para seguir los contornos de un pavo grande. Un cuchillo más pequeño y fuerte facilita el trabajo para los pollos más pequeños. Las cuchillas largas y rectas con punta de sierra o dientes ovados cortan más fácilmente a través de las carnes rojas y el jamón. Sea cual fuere el cuchillo que emplee, asegúrese de que sea muy filoso para cortar más fácilmente y con más seguridad. Una tabla fuerte para trinchar, antiderrapante, de preferencia con una orilla delgada alrededor del perímetro detendrá los jugos y ayudará a mantener la carne en su lugar.

Para trinchar un pollo asado entero, primero retire las alas. Corte a través de la piel entre el ala y la pechuga. Jale el ala separándola del cuerpo para encontrar la articulación del hombro. Corte a través de la articulación para retirar el ala.

Posteriormente, retire las patas. Coloque el pollo con la pechuga hacia arriba y corte a través de la piel entre el muslo y la pechuga. Jale la pierna para separarla del cuerpo y encontrar la articulación del muslo. Corte a través de la articulación para desprender la pierna entera. Corte a través de la articulación de la rodilla para separar la pierna del muslo.

Ahora, corte la pechuga. Justo por debajo de la articulación del muslo y el ala, haga un corte horizontal profundo a través de la pechuga hacia el hueso para hacer un corte en la base. Empezando cerca del hueso de la pechuga, corte rebanadas delgadas en vertical, cortando hacia abajo para terminar cada rebanada en el corte de la base. Coloque el cuchillo en ángulo a medida que se acerca al hueso.

Los pasos para trinchar un ave más grande, como un pavo son similares, pero usted deberá cortar a través de la articulación separando el muslo de la pierna. Trinche ambas piezas, cortando la carne en rebanadas paralelas al hueso.

Cuando trinche carne, para obtener los mejores resultados siempre corte en contra del grano, en perpendicular, no en paralelo a sus fibras. Use un tenedor para detener la carne y corte a lo ancho en rebanadas gruesas con el cuchillo. Esto hará una rebanada más atractiva y evitará hilos largos de carne dura. Entre más limpia esté la carne que se vaya a trinchar, la rebanada deberá ser más delgada para poder masticarla más fácilmente. No cambie la dirección de la cuchilla a la mitad de la rebanada, o los trozos se rasgarán y quedarán disparejos.

## DESGLASANDO

Esta técnica se usa para hacer salsas y gravys. Primero, se agrega líquido a la sartén o charola caliente para desalojar los trozos dorados de carne o ave que hayan quedado pegados sobre la base durante el asado. Retire el asado de la sartén, deseche la grasa restante y coloque la sartén sobre un quemador. Integre el vino, caldo o agua. Caliente el líquido sobre calor medio-alto, moviendo y raspando la base de la sartén con una cuchara de madera para soltar los trocitos dorados. Pronto, el líquido se evaporará parcialmente, haciendo que los jugos tengan un sabor más concentrado. El resultado a menudo se llama salsa de reducción o salsa de sartén y es deliciosa por sí sola o como base para otras salsas como el gravy (página 110).

# RECETAS BÁSICAS

### CALDO DE POLLO

2 kg (4 lb) de huesos de pollo, o 1 pollo de 1.5 a 2 kg (3–4 lb) más 500 g (1 lb) de alas y pescuezos de pollo

1 cebolla amarilla o blanca grande, en cuartos

4 zanahorias, en cuartos

3 tallos de apio, incluyendo sus hojas, cortados en trozos de 2.5 cm (1 in)

6 ramas de perejil liso (italiano) fresco

1 cucharada de hojas de estragón fresco

6 granos de pimienta

2 hojas de laurel

2 cucharaditas de sal

3 l (3 qt) de agua

Coloque los huesos de pollo o el pollo entero en una olla grande para caldo. Agregue la cebolla, zanahorias, apio, perejil, estragón, granos de pimienta, hojas de laurel, sal y agua. Hierva sobre calor alto, desnatando la superficie para retirar la espuma que se forme. Tape parcialmente, reduzca el calor a bajo y hierva suavemente de 3½ a 4 horas. Desnate de vez en cuando para retirar la espuma.

Cuele el caldo a través de un colador cubierto con una capa doble de manta de cielo (muselina). Deseche los sólidos (o use la carne para hacer algún otro platillo). Deje enfriar, tape y refrigere, durante la noche. Retire la grasa endurecida que se forme en la superficie del caldo.

Refrigere el caldo si planea usarlo en unos días; si no es así, viértalo en recipientes herméticos y congele hasta que lo necesite. Se mantendrá fresco hasta por 1 mes. Rinde aproximadamente 2 l (2 qt).

### CALDO DE CARNE DE RES ASADA AL HORNO

1 kg (2 lb) de agujas cortas de res

500 g (1 lb) de hueso de res con tuétano

1 cebolla amarilla o blanca grande, en cuartos

4 zanahorias, en cuartos

2 tallos de apio, incluyendo sus hojas, cortados en trozos de 2.5 cm (1 in)

2 dientes de ajo

6 ramas de perejil liso (italiano) fresco

8 granos de pimienta

2 hojas de laurel

2 cucharaditas de sal

3 l (3 qt) de agua

Precaliente el horno a 220ºC (425ºF). Acomode las agujas, huesos, cebolla, zanahorias, apio y ajo en una charola para asar. Ase durante 45 minutos, moviendo una vez.

Escurra la grasa y coloque las agujas, los huesos y las verduras en una olla grande para caldo. Agregue el perejil, granos de pimienta, hojas de laurel, sal y agua. Hierva sobre calor alto, desnatando la superficie para retirar la espuma que se forme. Tape parcialmente, reduzca el calor a bajo y hierva a fuego lento de 3½ a 4 horas. Desnate ocasionalmente para retirar la grasa de la superficie.

Deseche la carne y los huesos. Cuele el caldo a través de un colador cubierto con una capa doble de manta de cielo (muselina). Deje enfriar, tape y refrigere durante la noche. Retire la grasa endurecida que se forme en la superficie.

Refrigere el caldo si planea usarlo en unos días; si no es así, viértalo en recipientes herméticos y congele hasta el momento que lo necesite. Se mantendrá fresco hasta por 1 mes. Rinde aproximadamente 2 l (2 qt).

### GRAVY BÁSICO

Algunas recetas de este libro que proporcionan buenos jugos de la sartén y líquidos de escurrimiento para hacer el gravy básico son el Pavo con Glaseado de Uvas Pasas (página 17), Pollo con Limón y Cebolla (página 26), Ganso con Manzanas Asadas al Horno (página 38) o Costillar (página 45). En la página opuesta mostramos los pasos básicos para hacer el gravy.

1 **Retirando la grasa:** Mientras reposa el asado, antes de cortarlo, reserve de 3 a 5 cucharadas (45 a 75 ml/1½–2½ fl oz) de los escurrimientos y deseche el resto cuidadosamente (grasa y otros jugos de la sartén) de la charola para asar.

2 **Integrando la harina:** Coloque la charola para asar con los líquidos de escurrimiento sobre la estufa sobre calor medio. Integre 1 ó 2 cucharadas de harina y mezcle rápidamente para incorporar la harina con los líquidos de escurrimiento y desbaratar los grumos. Cocine brevemente, moviendo, hasta dorar ligeramente.

3 **Agregando el caldo:** Eleve la temperatura a alta e integre 1 ó 2 tazas (250 a 500 ml/8-16 fl oz) de caldo de pollo o caldo de res. Hierva y desglase la sartén, moviendo para retirar los trocitos dorados de la base de la sartén. Reduzca el calor a medio y hierva a fuego lento, moviendo a menudo, durante 5 minutos, hasta que el gravy haya espesado ligeramente y no quede sabor de harina cruda. Integre más caldo si fuera necesario para obtener la textura de una salsa.

4 **Colando el gravy:** Sazone con sal y pimienta. Vierta a través de un colador de malla fina sobre un tazón precalentado para gravy e integre 1 cucharada de hierbas finas frescas picadas, si lo desea. Rinde aproximadamente para 1¾ tazas (440 ml/14 fl oz).

# GLOSARIO

ACEITE DE OLIVA Este aceite se fabrica principalmente en los países del Mediterráneo, California y Australia, de la fruta del árbol de aceituna. El término "extra-virgen" se refiere al aceite que sale de la primera prensada de las aceitunas que se lleva a cabo sin el uso de calor o químicos. El aceite extra-virgen tiene una baja acidez, un tono verde claro o café y un sabor fino y frutado que algunas veces tiene un ligero sabor a pimienta. La mejor calidad de aceite de oliva extra-virgen debe guardarse para usar en aderezos o rociar algún platillo terminado. Aquellos aceites etiquetados como "suaves", "ligeros", "puros" o simplemente "aceite de oliva" son los procesados con más calidad y tienen menos aroma y color que los etiquetados como extra-vírgenes. Estas variedades son mejores para la cocina informal.

AJO Un miembro fuerte de la familia de la cebolla, el ajo es fundamental en las cocinas del mundo. Para pelar un ajo, presione un diente ligeramente con la parte plana de un cuchillo y retire su piel apapelada.

ARÚGULA Las hojas de esta planta verde oscura, también llamada rocket, parecen hojas muy dentadas y largas de roble. Tienen un sabor agradable, agrio y ligeramente a pimienta. Las hojas más grandes pueden tener un sabor más fuerte que las pequeñas.

CEBOLLITAS DE CAMBRAY También conocidas como cebollitas verdes, las cebollitas de cambray son los tallos inmaduros del bulbo de la cebolla, con una base blanca y pequeña que no ha empezado a madurar y un tallo largo y hueco con hojas planas de color verde. Las cebollitas de cambray tienen un sabor suave y pueden usarse picadas como guarnición.

CAMARONES, LIMPIANDO Limpiar o retirar la vena intestinal que corre por la curva exterior de un camarón (langostino), se lleva a cabo principalmente por razones estéticas cuando la "vena" está negra y muy visible. Para limpiar y pelar los camarones crudos, use un cuchillo pequeño para cortar una hendidura poco profunda sobre el dorso de un camarón. Con la punta del cuchillo, levante suavemente, raspe la vena negra y enjuague el camarón bajo el chorro de agua fría. Escurra el camarón sobre toallas de cocina y proceda con la receta.

CAVIAR En el uso más estricto de la palabra, el caviar es la freza o huevos removidos del esturión. El caviar más famoso viene de tres tipos de esturiones que nadan en el Mar Caspio: los beluga, oscietra y sevruga. Otro huevo pequeño y dorado, también delicioso, es el caviar del blanquillo o el del salmón que es más grande y de color coral.

CILANTRO El cilantro es una hierba con un sabor diferente y asertivo. Algunas personas lo describen por su sabor cítrico o a menta; otros piensan que se parece a la salvia y al perejil. Es mejor usarlo fresco, ya que pierde su sabor cuando se seca. El cilantro juega un papel importante en las cocinas de México, el Caribe, India, Egipto, Tailandia, Vietnam y China y al sureste de los Estados Unidos.

GALLINA DE GUINEA Una cruza entre el gallo de guinea y una gallina blanca llamada Plymouth Rock, esta ave pequeña pesa aproximadamente 750 g (1½ pounds), lo cual es una porción generosa para una persona o un almuerzo moderado para dos personas. Se pueden usar pollitos (poussins), pollos bebés, que pesan unos 500 g (1 pound) cada uno, pero reduzca el tiempo de cocción una tercera parte.

GALLO CAPÓN Este pequeño pollo regordete es un ave macho castrada. Los capones pesan entre 2.5 y 4 kg (5-8 pounds) y son carnosos, jugosos e ideales para asar al horno.

HONGOS Los hongos absorben agua rápidamente y se harán aguados e insípidos si se remojan demasiado tiempo. Para limpiarlos, limpie con un trapo húmedo o cepillo. Existen cepillos especiales para hongos con ellos se puede retirar suavemente la suciedad. A continuación presentamos las variedades más populares usadas en este libro de cocina.

*Blancos:* El hongo cultivado, o champiñón, para todo tipo de uso, se vende en tiendas de abarrotes. Algunas veces se llama champiñón button, aunque este término se refiere específicamente a los champiñones jóvenes y suaves de color blanco con cabezas cerradas.

*Cremini:* Los hongos cremini, hongos cafés comunes, son parientes cercanos de los champiñones blancos y estas dos variedades se pueden intercambiar. Los cremini tienen una consistencia firme y un sabor completo. Los cremini grandes, totalmente maduros, se conocen por el nombre de hongos portobello. Los cremini más pequeños se conocen como Baby Bellas.

*Morillas:* Consideradas el rey de los hongos, las morillas tienen un sabor intenso y almizclero que las hace muy preciadas. Este hongo silvestre tiene una capa larga y oscura parecida a una esponja y su tallo es hueco. A diferencia de otros hongos, las morillas deben sumergirse ligeramente en un tazón grande con agua para agitarlos y desalojar toda la arena que tiende a llenar las grietas de sus cabezas.

*Oyster:* De color crema a gris claro, con forma de abanico, los hongos oyster tienen un sabor suave parecido a las ostras. Anteriormente sólo se podían encontrar como hongos silvestres, pero ahora son cultivados.

*Porcini:* También llamados setas, los hongos porcini son suaves, de color café claro y tienen un sabor parecido a la madera. En Estados Unidos la mayoría de los hongos porcini se encuentran secos, aunque se pueden encontrar hongos frescos en el otoño.

*Shiitake:* Con un sabor a carne, estos hongos asiáticos tienen cabezas planas de color café oscuro que por lo general miden de 5 a 7.5 cm (2–3 in) de ancho y un delicioso sabor parecido al té. Se pueden encontrar frescos o secos.

HUEVOS, COCIDOS DUROS Es muy fácil sobre cocer los huevos cocidos, dándole a sus yemas un tinte verdoso poco agradable y una consistencia seca. Este método sencillo asegura buenos resultados: Coloque los huevos en una olla y agregue agua fría para cubrirlos por lo menos por 2.5 cm (1 in). Hierva sobre calor medio. Cuando el agua empiece a hervir, retire del fuego, tape tensamente y deje reposar en el agua 20 minutos. Enjuague bajo el chorro de agua fría hasta que se enfríen y pele.

JEREZ Una especialidad del sur de España, el jerez, es un vino fortificado. Se hace de uvas de Palomino Fino y viene en ocho tipos diferentes, que se distinguen principalmente por su color, sabor, dulzura y contenido de alcohol. Los más conocidos son el oro claro, o fino seco; muy pálido, o manzanilla muy seca; más oscuro con ligero sabor a nuez y seco o medio-seco amontillado; y color caoba, muy aromático, dulce y cremoso.

MANTEQUILLA, SIN SAL Muchos cocineros prefieren la mantequilla sin sal por dos razones. Primero, porque la sal en la mantequilla puede aumentar la cantidad de sal en la receta, la cual puede interferir con el sabor del platillo. Segundo, porque la mantequilla sin sal es probable que esté más fresca, ya que la sal actúa como preservativo prolongando su duración en la alacena. Si no puede encontrar mantequilla sin sal, puede usar mantequilla con sal en la mayoría de las recetas, pero pruebe y rectifique la sazón para ajustar la cantidad de sal que pide la receta.

MOSTAZA, DIJON La mostaza de Dijon se fabrica en Dijon, Francia, de las semillas de mostaza color café oscuro (a menos de que se pida blanca), vino blanco o vinagre blanco y hierbas. Su sabor es suavemente sedoso y bastante picante y fuerte. La mostaza de Dijon, y otras marcas de mostazas estilo Dijon que no son fabricadas en Francia, se pueden encontrar fácilmente en los supermercados.

NUECES

*Almendra:* Estas nueces delicadas y aromáticas tienen una forma ovalada con punta y una consistencia suave que se presta bien para los platillos elegantes.

*Piñones:* Las semillas de ciertas especies de pino, los piñones, se pueden encontrar en las piñas o conos del árbol. Son pequeños y deliciosos con forma alargada y ligeramente aplanados y un sabor resinoso y dulce.

NUECES, TOSTANDO al tostar las nueces se realza su sabor, volviéndolas de color dorado claro y delicadamente crujientes. Para tostar nueces, coloque una pequeña cantidad en una sartén seca para freír sobre la estufa. Coloque sobre calor medio y tueste, moviendo frecuentemente, de 5 a 10 minutos, hasta que estén ligeramente doradas, dependiendo del tamaño de las nueces. No deje que se doren demasiado. Inmediatamente pásela a un plato y deje enfriar por completo antes de usarlas. Las nueces continúan dorándose fuera del fuego, por lo que debe tostarlas a un tono más claro que el deseado. Almacene las nueces tostadas en un recipiente hermético de 2 a 3 días a temperatura ambiente.

OPORTO Este vino dulce, fortificado con alcohol de uva, es una especialidad de Portugal, aunque también se embotella en algunas otras partes del mundo. El oporto varía en calidad, desde los oportos completos hasta los oportos suaves y dulces de color rubí. El Oporto Tawny, mezcla de uvas de varios viñedos y añejado en barriles de madera por más de 40 años, es una elección muy apreciada, adecuado tanto para cocinar como para beberse.

OSTIONES Siempre compre ostiones de vendedores confiables. Los ostiones vivos en su concha deben tener un olor suave y dulce. Sus conchas deben estar firmemente cerradas y sentirse pesados. No compre ostiones que permanezcan abiertos al tocarlos. Un olor fuerte a pescado o amoniaco indica que los ostiones ya no están frescos, por lo que no debe comprarlos.

Para almacenar ostiones vivos, extiéndalos en un recipiente y cubra con un trapo húmedo. Si fuera necesario, manténgalos en refrigeración durante 1 ó 2 días, asegurándose de que el trapo siempre esté húmedo Si se sumergen en agua o se guardan en un recipiente hermético, se morirán.

PATO  El pato de Long Island, también conocido como pato pequinés blanco, tiene una carne relativamente magra, suave y delicada y es ideal para asarlo entero al horno. Un pato tiene una proporción de hueso mayor que de carne en comparación con un pollo, por lo que un pato de 2.5 a 3 kg (5–6 pounds) rendirá únicamente para 3 ó 4 porciones.

POLVO CHINO DE CINCO ESPECIAS  El polvo de cinco especias es un sazonador muy común en las cocinas del sur de China y Vietnam, en donde a menudo se usa para sazonar pollo para asar al horno. Aunque se puede encontrar fácilmente en las tiendas de alimentos bien surtidas, usted puede hacer el suyo y obtendrá una mezcla más llena de sabor. Usando un molino de café o un mortero con su mano, muela 1 anís estrella, partido en trozos; 2 cucharaditas de granos de pimienta Sichuan, ¼ de cucharadita de semillas de hinojo y ¼ de cucharadita de clavos enteros. Integre ¼ de

cucharadita de canela molida. Almacene en un recipiente hermético en algún lugar oscuro hasta por 6 meses.

SALSA HOISIN  Una salsa china espesa, dulce, color café oscuro, hecha de frijol de soya, azúcar, ajo, polvo de cinco especias, anís estrella y un toque de chile. Puede ser espesa y cremosa o lo suficientemente ligera para verterla. Se frota sobre carne y aves antes de asarlas al horno para darles un sabor dulce. La salsa hoisin algunas veces aparece como condimento, pero se debe usar juiciosamente ya que su fuerte sabor puede opacar la mayoría de los alimentos.

UVAS PASAS, SECAS  Mientras que las uvas pasas frescas son frutas parecidas a las moras que crecen y se usan en muchos lugares de Europa, las uvas pasas secas son en realidad uvas zante, o pasitas pequeñas, con un distintivo sabor agridulce. Si no las encuentra, sustituya por pasitas.

VENADO  La carne magra de venado tiene un color rojo oscuro y su textura es densa de grano fino y sabor fuerte.

VINAGRE
*Balsámico:* El vinagre balsámico es una especialidad de la región italiana de Emilia-Romagna, principalmente de la provincia de Modena. Se hace de uvas blancas Trebbiano y se añeja en barriles de madera, los cuales contribuyen a lograr su sabor final. El vinagre balsámico auténtico lleva el nombre de *aceto balsamico tradizionale* y debe añejarse por lo menos durante 12 años (pero algunas veces incluso durante más tiempo). Este líquido

concentrado, parecido a la miel, es preciado por su delicioso sabor intenso y se usa para condimentar y dar sabor a algunas salsas. También se puede encontrar vinagre balsámico más joven, añejado de 1 a 3 años, que es más adecuado para cocinar. El "vinagre balsámico" comercial, que se encuentra comúnmente en los supermercados, es una mezcla de vinagre balsámico joven con vinagre de vino (éste también hecho en Modena) o vinagre de vino con sabor a caramelo. Los mejores vinagres comerciales a menudo son muy buenos y finos para usarse en marinadas, salsas y aderezos para ensaladas.

*De sidra:* Hecho de manzanas, el vinagre de sidra es comúnmente usado en muchas recetas americanas tradicionales y se distingue por su sabor a manzana. Para obtener el mejor sabor, compre vinagre auténtico de sidra, no el vinagre destilado con sabor a sidra.

*De vino tinto:* Producido en la segunda fermentación, el vinagre de vino tinto es bastante ácido. El vinagre, así como el vino del cual se ha hecho, tiene un sabor más robusto que el vinagre que se produce del vino blanco.

VÍSCERAS  Un término que se refiere al corazón, mollejas e hígado de un pavo u otra ave. Si compra un ave, los hígados y el pescuezo a menudo vienen dentro de un empaque pequeño de papel dentro de la cavidad del ave. Si no se usan en una receta, puede desecharlos o darles otro uso. Pueden servir para hacer un gravy o para un aderezo o relleno.

# ÍNDICE

DEGUSTIS
Es un sello editorial de
Advanced Marketing, S. de R.L. de C.V.
Aztecas 33, Col. Sta. Cruz Acatlán, C.P. 53150 Naucalpan, Estado de México

WILLIAMS-SONOMA
Fundador y Vicepresidente: Chuck Williams
Compras: Cecilia Michaelis

WELDON OWEN INC.
Presidente Ejecutivo: John Owen; Presidente: Terry Newell; Jefe de Operaciones: Larry Partington
Vicepresidente, Ventas Internacionales: Stuart Laurence; Director de Creatividad: Gaye Allen;
Editor de Serie: Sarah Putman Clegg; Editor Asociado: Heather Belt;
Director de Arte: Catherine Jacobes; Gerente de Producción: Chris Hemesath;
Coordinación de Envíos y Producción: Libby Temple

Weldon Owen agradece a las siguientes personas por su generosa ayuda
y apoyo en la producción de este libro: Editor de Copias; Carolyn Miller;
Editor Consultor: Sharon Silva; Diseñador Douglas Chalk;
Estilistas de Alimentos: Kim Konecny y Erin Quon; Asistente de Fotografía; Faiza Ali;
Corrección de Estilo: Desne Ahlers, Carrie Bradley y Linda Bouchard; Índice: Ken DellaPenta;

Título Original: *Roasting*    Traducción: Concepción O. De Jourdain, Laura Cordera L.
*Al Horno* de la Colección Williams-Sonoma fue concebido y producido por
Weldon Owen Inc., en colaboración con Williams-Sonoma.

Una Producción Weldon Owen Derechos registrados © 2002 por Weldon Owen Inc, y Williams-Sonoma Inc.

Derechos registrados © 2004 para la versión en español: Advanced Marketing, S. de R.L. de C.V.
Aztecas 33, Col. Sta. Cruz Acatlán, C.P. 53150 Naucalpan, Estado de México

Presentado en Traján, Utopía y Vectora.

**ISBN  970-718-193-1**

Separaciones de color por Bright Arts Graphics Singapur (Pte.) Ltd./ Color separations by Bright Arts Graphics Singapore (Pte.) Ltd.
Impreso y encuadernado en Singapur por Tien Wah Press (Pte.) Ltd./Printed and bound in Singapore by Tien Wah Press (Pte.) Ltd

1  2  3  4  5    04  05  06  07  08

**UNA NOTA SOBRE PESOS Y MEDIDAS**
Todas las recetas incluyen medidas acostumbradas en Estados Unidos y medidas del sistema métrico.
Las conversiones métricas se basan en normas desarrolladas para estos libros y han sido
aproximadas. El peso real puede variar.